LLIFEIRIAU

LLIFEIRIAU

gan
Wil Sam

GWASG Carreg Gwalch

I'R GOLAU

Panel golygyddol y gyfres, a gynullwyd gan Gwmni Hwyl a Fflag:
Wyn Williams, Gareth Miles, Manon Eames, Iwan Llwyd,
Myrddin ap Dafydd.

Golygydd ymgynghorol:
Elan Closs Stephens

Argraffiad cyntaf: Mawrth 1997

Rhif Llyfr Safonol Rhyngwladol:
0-86381-426-3

Cynllun clawr: Alan Jones

Llun y clawr: Yr Herald Cymraeg

Cyhoeddwyd gyda chymorth Cyngor Celfyddydau Cymru.

Argraffwyd a chyhoeddwyd gan Wasg Carreg Gwalch,
Iard yr Orsaf, Llanrwst, Dyffryn Conwy LL26 0EH.
☎ *(01492) 642031*

I'R GOLAU

Cyfres Dramâu Cyfoes — y gyfres hyd yn hyn:

BARGEN, Theatr Bara Caws
PERTHYN, Michael Povey
LENI, Dewi Wyn Williams
HWYLIAU'N CODI, Theatr Bara Caws

£3.75 yr un

Dydw i'n deud dim. Deud ydw i. Llifeiriant geiriau sydd yma, a mwy o sŵn nag sydd yma o sylwedd. Methu sgwennu drama sy'n poeni'r ferch Jeniffyr, a methu dod o hyd i bwt o weiran ydi poen y tramp: 'Byd rhyfadd ydi hwn, petha syiyns 'na'n gofyn am bum can miliwn i'r Treshyri, a ma' nhw'n 'i ga'l o fel'a, un dwy tair dros cowntar, finna'n gorod chwipio Cymru o Dyddewi i Dŷ Croes am bwt bach o blydi weiran. Biwrocrasi, hwnna ydi drwg . . . '

Perfformiwyd y ddrama hon gyntaf
gan gwmni Theatr Bara Caws, Chwefror 1996.

Actorion:
Bryn Fôn
Eilir Jones
Stewart Jones
Sharon Roberts

Llifeiriau

'Gan fy nhad mi ddysgais chwedl . . . ' Wel, nid chwedl yn union, ond drama. Dyna mae Jeniffyr isio'i sgwennu. Ac nid gan ei thad, chwaith, achos does gynni hi ddim un. Ond mae ganddi hi Yncl Bob, sy'n fantais fawr. Mantais fawr bod mewn drama gan Wil Sam, hefyd, achos mae hynny'n golygu ei bod hi'n medru cerdded o gwmpas a sgwrsio efo Yncl Bob; sgwrsio yn ei llais a'i hidiom ei hun, nes eich bod chi'n credu ei bod hi'n ferch ifanc gyfoes. Mae Yncl Bob yn ateb yn ei lais a'i idiom yntau, hefyd, ac yr ydach chi'n credu ynddo fo fel hen ŵr doethach, a phrofiadau a geirfa oes yn gefn cadarn iddo. Oes yna ddrama yn hyn oll?

Oes, hyd yn oed pe na bai Jeniffyr byth yn mentro dros drothwy Yncl Bob. Oherwydd yn nhŷ Yncl Bob, er mai mân gymeriad ydi o, mae dau lais i'w clywed, a'r rheiny yn ddau lais wahanol. (Mi greodd Beckett glasur efo dim llawer mwy, ac mae yna fwy o wahaniaeth rhwng Jeniffyr ac Yncl Bob nag oedd yna rhwng Estragon a Vladimir). Mae'r ifanc yn ysu am brofiad, am deithio'r byd, a'r hen yn cynghori dechrau wrth eich traed. Ys dywedai Radio Cymru y dyddiau hyn, 'so be sy'n newydd?'

Mentra Jeniffyr i'r Byd Mawr ar gefn ei beic. Rŵan, dwi'n darllen lot o symboliaeth i mewn i'r beic yma. Beic dwy-olwyn henffasiwn, yn ymddangos yn nrama'r dyn moto-beics? Hmmm. Ac mae'r hogan ar ei beic henffasiwn yn dod wyneb yn wyneb â beicar yn ei ledar ac ar feic go iawn. (Ciw sŵn moto-beic go iawn, ac ymddangosiad y beicar.) Ond nid beicar cyffredin mo Terence, chwaith. Mi rydach chi (a Jeniffyr sydd, ar waetha'i ffrog ponsi a'i sana bach gwynion diniwed) yn dechrau edrych yn amheus, yn dechrau amau'r beicar. Mae o'n siarad a gweithredu allan o gymeriad.

Mae Terence yn fwy diwylliedig na Jeniffyr, wrth iddo fo ddechrau sôn am ei hen gartref, Bwthyn Cottage. Mi rydach chi'n dechrau gwrando. A dweud y gwir, mi fasa rhywun *yn* gwrando ar foi sy'n siarad am ei gyd-wladwyr yn 'byw ar Saeson yn yr ha' ac yn byw ar 'u nerfa yn y gaea'.' Cymeriad ydi Terence, er bod Jeniffyr yn ei ddychryn am ei bod hitha'n gymeriad hefyd. A rŵan mae'r ddau wedi meddiannu Bwthyn Cottage — wedi torri i mewn a rhoi gwybod i'r heddlu eu bod nhw yno. Yn nhrefn pethau, mi fuasai yna blismyn yn dod i arestio, troi allan neu roi cweir. Ond nid plismon sy'n dŵad, ond tramp.

Mae o wedi bod yn dŵad ers meityn, wedi bod yn cerdded trwy bob drama gan Wil Sam, bron. Fo ydi'r Dyn Swllt, Sami; mae gynno fo Ddinas Barhaus yn Dalar Deg, a mae o'n nabod Ifas y Tryc. A ninnau'r gynulleidfa yn deud, efo Jeniffyr, 'Daliwch i siarad fel tasach chi'n bedwar ugain'. Ac mae o'n siarad sens.

Ai sens gawn ni yn ymwneud Terence, y ferch a'r tramp? Ai gan y tramp y cawn ni synnwyr go iawn? Dyna ydan ni'n ddisgwyl gan *idiot savants* Wil Sam, wedi'r cwbl. Ond yn *Llifeiriau*, caf y syniad bod y llifeiriant yn dechrau symud tuag at y genhedlaeth iau. At bwy? Jeniffyr?

Ia, efallai — achos wedi'r cwbl, erbyn diwedd y chwarae, mae ganddi hi ddrama — a mwy. Ai Terence ydi gobaith mawr y ganrif? Ia eto, oherwydd mae yntau wedi chwarae ei ran. A tydi'r tramp ddim yn mynd yn waglaw, chwaith. Mae yma neges am barhad, am obaith — a chan mai Wil Sam sydd yma, lot o hwyl, hefyd.

Meg Elis, *Barn*, 1996

Cymeriadau:

Yncl Bob
Jeniffyr
Terence
Tramp
Plisman
Reverend John Davies
Mrs Davies

GOLYGFA 1

Jeniffyr yn mynd at y ffenest ac yn aros i sefyll a rhythu. Daw Yncl Bob i mewn.

Yncl Bob: Does gin ti ddim ofn i rywun dy brynu di, bellach?

Jeniffyr: Pam? Be 'dach chi'n feddwl?

Yncl Bob: Rw't ti'n byw a bod yn ffenast.

Jeniffyr: Ydw. Dwi'n medru meddwl yn fa'ma.

Yncl Bob: Ar dy draed o flaen ffenast? Un ryfadd w't ti.

Jeniffyr: Ia 'ntê? Pwy ydw i Yncl Bob?

Yncl Bob: O, diar, paid ag edrach mor boenus, fel taet ti'n cario'r hen fyd 'ma ar dy gefn.

Jeniffyr: Deudwch. Pwy?

Yncl Bob: Jeniffyr Jones.

Jeniffyr: *F'enw* i 'di hwnna . . .

Yncl Bob: Wn i fawr mwy nag ydw i wedi ddeud wrthat ti. Mi ddoth y dyn diarth â Dic a chditha yma yn ddeuddag oed a'ch rhoi chi yn fy ngofal i, am dâl, wrth reswm, a hwnnw'n dâl anrhydeddus.

Jeniffyr: Ond ma' 'na enw neu ddau siŵr o fod yn fflio o gwmpas yn rwla?

Yncl Bob: Welist ti rioed cyn lleiad.

Jeniffyr: Rydach chi'n deud na wyddoch chi ddim pwy ydi 'nhad na phwy ydi fy mam?

Yncl Bob: Ydw.

Jeniffyr: Felly, dydach chi ddim yn ewyrth i mi. Dydach chi ddim yn Yncl Bob i mi — nac i Dic, chwaith.

Yncl Bob: O'r gora landledi, rydach chi'n iawn — sgwatar ydw i.

(Yn cellwair)

Mi heliaf fy mhac y munud 'ma.

Jeniffyr: Ew, naci. Fi sy'n hen hogan wirion. Cymryd yn 'y mhen ddaru mi y basa ffeindio 'ngwreiddia yn help imi sgwennu. Dim byd arall. Ond mi liciwn i fedru sgwennu rhyw fath o ddrama.

Yncl Bob: Pam drama mwy na stori ne' nofal?

Jeniffyr: Os deuda' i, newch chi addo peidio deud wrth Dic?

Yncl Bob: G'naf. Mi ro' i dy gyfrinach di dan glo yn fa'ma —

(Ei ben)

— mae 'na faint fynnir o le.

Jeniffyr: *Sbeling*.

Yncl Bob: Sbeling?

Jeniffyr: Ia. Sillafu. Sbelio. Fedra' i ddim sbelio.

Yncl Bob: Ond ma' raid iti sbelio mewn drama 'run fath â stori ne' . . .

Jeniffyr: Rhaid, ond *wêl* neb fy sbelio i mewn drama, neb ond yr actorion, a fydd rheini damad callach.

Yncl Bob: Iawn. Chdi ŵyr dy betha.

Jeniffyr: Yncl Bob?

Yncl Bob: Ia?

Jeniffyr: 'Ma' Jen siŵr ohoni,' medda chi wrth Dic gynna. Oeddach chi'n 'i feddwl o?

Yncl Bob: Nag o'n.

Jeniffyr: O'n i'n ama.

Yncl Bob: Sgwennodd neb rioed ddim o werth wrth aros yn tŷ a sbio drw' ffenast.

Jeniffyr: Dydach chi ddim isio 'ngweld i'n llwyddo.

Yncl Bob: Wel, mi fasa'n well gin i dy weld ti'n ca'l *gwaith*. Athrawes ne' ballu, mi gaet le ar d'union.

Jeniffyr: Ia, *gwaith*! Be 'di hanas 'y meic i?

Yncl Bob: *Raleigh* tri mis oed. Pris — dau gant a hannar. Gêrs — deunaw. Teiars — fflat.

Jeniffyr: Ga' i o plis?

(Yncl Bob yn mynd allan. Jeniffyr yn hel pad sgwennu a beiro i'w bag. Daw Yncl Bob yn ôl yn powlio beic. Jeniffyr yn sefyll wrth y ffenast. Yncl Bob yn pwmpio teiar.)

Jeniffyr: Faint o fet?

Yncl Bob: Be ti'n feddwl?

Jeniffyr: Fetiwch chi na 'na i byth sgwennu drama?

Yncl Bob: Drama!

Jeniffyr: Ia, dwi'n berwi isio sgwennu.

Yncl Bob: Sgwenni di 'run wrth aros yn fa'ma. Allan ma' petha'n digwydd Jen, allan yn fan'cw yn y lle 'na rw't ti'n rhythu arno fo drw' ffenast naill ddwrnod ar ôl y llall. Ma' 'na betha ma' nhw'n alw'n bobol a phlant yn gweu trw' 'i gilydd yn fan'cw 'sdi. Fan'cw gei di ddeunydd 'mach i, a fan'cw gei di syniada, nid yn fan hyn.

(Codi llyfr)

Nid yn hwn chwaith — *Playwriting Made Easy*, lluchia fo.

Jeniffyr: Fetiwch chi?

Yncl Bob: Na 'na, tydw i ddim yn ddyn betio.

Jeniffyr: Iawn. Gewch sbario, mi fetia' *i* yn 'ych lle chi. Mi fetia' i fy mwclis a 'meic y sgwenna' i ddrama cyn gwelwch chi fi eto.

Yncl Bob:	Rw't ti am fod yn o hir felly?
Jeniffyr:	Wn i'm. Dydw i ddim yn siŵr. Dibynnu'n hollol sut hwyl ga' i ar loffa yma ac acw. Tŵdl-ŵ Bobi Bingo.
	(Jeniffyr yn taro cusan ar foch Yncl Bob, neidio ar y beic a'i reidio cyn diflannu o'r golwg)

GOLYGFA 2

Allan. Jeniffyr yn eistedd yn nhin clawdd, ei beic yn gorffwys ar y clawdd a'i bag wrth ei hochor. Daw Terence heibio.

Terence: Ga' i ofyn be 'dach chi'n neud mewn lle dinadman fel 'ma?

Jeniffyr: Cewch, mi gewch *ofyn* be fynnoch chi.

Terence: Wel? Be ydach chi'n da yma?

Jeniffyr: Dydw i ddim yn siŵr iawn. Sgwennwr ydw i 'chi.

Terence: Sgwennwr! Sgwenrag debyg. Hogyn 'ta hogan ydach chi?

Jeniffyr: P'run ydach *chi'n* ddeud ydw i?

Terence: Dwn i'm. Tasach chi'n gath mi faswn yn codi'ch cynffon chi i mi ga'l gweld pa 'run.

Jeniffyr: Does gin i ddim cynffon.

Terence: Nac oes siŵr iawn, hogan neis 'run fath â chi. Deudwch be 'dach chi'n neud yn y twll lle 'ma.

Jeniffyr: Ca'l pum munud ydw i.

Terence: Ia, iawn. Ond pum munud i be, os ca' i fod mor hy' a gofyn?

Jeniffyr: Pum munud i bwyso a mesur a hel meddylia, naci, i hel syniada, a phrofiada hefyd o ran hynny.

Terence: Ew, rheina i gyd mewn pum munud?

Jeniffyr:	Ia, ma' brys arna' i. Os na cha' i syniad sy'n fy siwtio i ma'n berig bydda i'n drysu, yn mynd o ngho', yn boncyrs.
Terence:	Mi fasa'n reit dda gin i fedru'ch helpu chi. Basa, wir rŵan. Rwbath, unrhyw beth fedra' i neud, dim ond codi'r ffôn.
Jeniffyr:	Damia chi. Rydach chi'n sbeitio, yn gneud hwyl am 'y mhen i, yn cymryd y mici.
Terence:	Nag'dw. Ond ma' raid ichi gydnabod bo' chi'n dipyn o gês.
Jeniffyr:	Be 'dach chi'n feddwl? Dowch, deudwch, eglurwch.
Terence:	Anodd deud. Dwi'm isio'ch brifo chi.
Jeniffyr:	Dowch, deudwch, yr hen wlanan ichi.
Terence:	Wel, yn un peth mi rydach chi'n ddiawledig o ddiddarbod efo'ch geiria. Mi wyddoch be ydw i'n drio'i ddeud.
Jeniffyr:	Na wn i.
Terence:	Rydach chi'n deud bob dim fesul tri.
Jeniffyr:	Ydw i?
Terence:	Ydach, bob un dim. 'Pwyso, mesur, hel meddylia,' a 'drysu, mynd o ngho', boncyrs,' a ma' 'na un arall hefyd, 'sbeitio, gneud hwyl a cymryd y mici.' Ma' gynnoch chi dri gair am bob un i bawb arall.
Jeniffyr:	Ma'n siŵr bo' chi'n iawn. Ddaru mi rioed roi fawr o sylw i'r ochor yna. Fuo geiria rioed yn broblam i mi. Ma' gin i air at bob achlysur.
Terence:	Tri.
Jeniffyr:	Ia, ella. Syniada ydi 'mhoen i.
Terence:	Ma' gin i un.
Jeniffyr:	Be?

Terence: Syniad. Dowch efo mi i Bwthyn Cottage.

Jeniffyr: Ble ma' hwnnw?

Terence: Dowch, Jeniffyr.

Jeniffyr: *(Yn brathu)*

Sut gwyddoch chi f'enw i?

Terence: Mi dwi'n iawn, dwi'n meddwl.

Jeniffyr: Ydach, ond peidiwch â meiddio'i yngan o eto.

Terence: Tybad? Tydw i ddim yn 'i ddrwg-licio fo. Mae o'n debyg i enw coedan, Jeniffyr a coniffyr a rheina i gyd.

Jeniffyr: Ydach, mi *rydach* chi'n sbeitio. Plant 'rysgol fydda wrthi hefyd. Chawn i ddim munud o lonydd. Tynnu stumia arna' i a gweiddi 'con uffar, con uffar, con uffar'.

Terence: Plant ydi plant, 'te?

Jeniffyr: Ac un neu ddau hŷn na phlant yn 'gneud ati'.

Terence: Tasa gynnoch chi enw iawn fath â fi mi fasach yn ca'l llonydd.

Jeniffyr: Be 'di o? Deudwch.

Terence: Terence.

(Jeniffyr yn chwerthin yn uchel)

Terence: Dyna chi, ylwch.

Jeniffyr: Rydach chi'n iawn. Mae gin i le i ddiolch. Y syniad 'ma, dowch ag o.

Terence: Ddim ym môn clawdd fel hyn, siŵr iawn.

Jeniffyr: Pa wahaniaeth ymhle?

Terence: Dowch 'ta. Mi fydd yn haws ichi feddwl efo to uwch 'ych pen.

Jeniffyr: A gwely odana'! Dwi'n nabod 'ych siort chi. Nid ddoe ganwyd fi, thanciw *very much*.

Terence: *(Yn codi)*

Chi ŵ'r 'ych petha. Dwi'n mynd.

Jeniffyr: Naci. Rhoswch.

Terence: Dwn i'm byd pam *ddylwn* i aros. Ond mi 'naf.

(Eistedd a rhoi pwniad ysgafn i Jeniffyr yn ei sennau)

Deudwch wrtha' i pam ddyla tsiap smart fel fi 'i gosod hi yn nhin clawdd efo merch ifanc gefn dydd gola.

Jeniffyr: Mae'n anodd deud.

Terence: Triwch 'ych gora.

Jeniffyr: Dwi wedi gada'l cartra er ben bora.

Terence: Ffraeo, debyg?

Jeniffyr: Naci, betio. Betio ddaru mi. Betio 'meic a 'mherla efo rhei'cw.

Terence: Rhei'cw? Pwy?

Jeniffyr: Yncl Bob a 'mrawd. *Mynnu* ma' 'mrawd na ddaw dim o fy sgwennu i. *Gobeithio* ma' f'ewyrth a gweddïo hefyd. Cwlins cymdeithas ydi sgwennwrs, medda fo, yn cysgu yma ac acw a byw o'r llaw i'r gena' fel padis.

Terence: *Am* syniad . . .

Jeniffyr: P'run bynnag, mi adewis i f'uwd ar 'i hannar. 'Mi fetia' ichi 'meic a 'mocs perla,' medda fi, 'y trawa' i ar syniad cyn i'r haul fynd i'w wely.'

Terence: Un arw ydach chi. Ac ma' gynnoch chi dafod, ddyliwn.

Jeniffyr: *(Tynnu ei thafod)*

Oes, debyg.

(Terence yn rhoi ei fys ar fathodyn Jeniffyr)

Terence: Naci, hwn.

Jeniffyr: Ia, Tafod y Ddraig. Fuo mi rioed yn aelod selog. Ddim hannar digon selog, a deud y gwir. Yn ystod yr ymgyrch yn erbyn tai ha' y dois i o 'nghragan. Mae tŷ a chae ac ardal a phetha gweladwy fel'na llawn cyn bwysicad â iaith yn fy ngolwg i.

Terence: Rhyfadd clywad sgwennwr . . . y . . . sgwenrag yn deud peth fel'a. Beidio mai peintar ddyliach chi fod, 'artist peintio llunia' dwi'n feddwl?

Jeniffyr: Dic 'y mrawd ydi'r peintar yn tŷ ni. Roedd o'n ca'l hwyl reit dda nes aeth 'i ddychymyg o'n drech na fo. Roedd o'n 'i gneud hi'n iawn pan oedd o'n peintio petha noethlymun a'u bolia yn 'u tina. Troi at beintio adar bach a coliars fuo'i gwymp o.

Terence: Biti. Mygu dawn dyn ydi peth fel'a.

Jeniffyr: Ia. Torri ar gerrig beddi mae o rŵan. Hynny'n plesio f'ewyrth yn iawn nes aeth o i gambyhafio. Fel'na ma' Dic, blino mwya sydyn a thorri dros y tresi. Rhoi melyn a phinc bob yn ail lythyran ar garrag Sandra yr hogan syrcas 'na ollyngodd 'i gafal ar y trapîs.

Terence: Direidus.

Jeniffyr: *Drwg* ydi o. Torri llun pot peint ar garrag Huw Huws yr Hotel, a rhoi 'BOL UWD' rhwng cromfacha ar ôl 'i enw fo.

Terence: Arglwydd mawr! Tynnu 'nghoes i ydach chi.

Jeniffyr: Naci. Ma' 'na betha lliwgar fel'na yn digwydd naill ddydd ar ôl llall yn hanas 'Dic Bach' 'y mrawd. A finna'n gorfod troi pob carrag a methu ca'l dim ond y petha llwydaidd 'ma sy'n digwydd i bob Twm, Dic, a Hannah.

Terence: Pam na ofynnwch chi i'r brawd cerrig beddi 'na gewch chi fynd yn brentis.

Jeniffyr: Na, fedra' i ddim aros mynwentydd. Ma' englynion coffa'n codi beil arna' i.

(Codi ei braich)

Gwrandwch, yn y pentra acw rydach chi wedi byw rioed?

Terence: Ia. Pam?

Jeniffyr: Deudwch dipyn o'i hanas o wrtha' i.

Terence: Ddaw hanas hwnna â deunydd na syniad na phrofiad i chi. Hen bobol yn glyfoerio'n 'u gorffennol sy'n fan'na, a llafna ifanc yn syllu ar drwyna'i sgidia. Ma'r gweddill yn byw ar Saeson yn yr ha' ac yn byw ar 'u nerfa yn gaea'.

Jeniffyr: Diddorol, hwnna. Mi liciwn i . . .

Terence: Ylwch, mi dwi'n mynd i Bwthyn Cottage.

Jeniffyr: Tŷ ha' ydi o?

Terence: Ia, rŵan. Tŷ Taid oedd o nes gwerthodd 'nhad o i bobol ddiarth. Dowch.

Jeniffyr: O'n i'n meddwl bod yr ymgyrch tai ha' drosodd, a Chymdeithas yr Iaith . . .

Terence: Does 'nelo fi un dim â Chymdeithas yr Iaith, Cymdeithas Coparét, Cymdeithas Gwarthag Duon nac unrhyw gymdeithas arall, chwaith. Busnas fy hun s'gin i, a 'musnas i ydi trio darbwyllo 'nhad a'i debyg na ddyla nhw ddim gwerthu'u petha i bobol ddiarth. Reit?

Jeniffyr: Deudwch ragor. Dwi'n dechra licio'ch petha chi.

Terence: Dowch 'ta. Does wbod be gewch chi.

(Y ddau yn codi a mynd. Tywyllwch, yna golau i fyny ar Bwthyn Cottage.)

GOLYGFA 3

Bwthyn Cottage. Mae Terence yn sefyll yno o dan y ffenest. (Tu mewn.)

Terence: Mi ddois *i* drwadd yn iawn. Triwch hi efo'ch traed yn gynta. Mi helpa' i chi ylwch.

Jeniffyr: *(O'r golwg)*

Ew, dwn i'm. Olreit, os ydach chi'n gaddo peidio medlach efo 'nghlunia i.

(Daw traed a choesau Jeniffyr i'r golwg yn araf. Terence yn gafael o boptu ei chanol ac yn ei thynnu drwy'r ffenest/bwlch i'r tŷ.)

Jeniffyr: *(Troi at Terence)*

M! Neis! Dwi isio cusan bicjwrs gynnoch chi, un boeth nes bydd bodia 'nhraed i'n cyrlio.

(Jeniffyr yn cael ei dymuniad a Terence yn sychu ei geg)

Terence: Wh! Be ddoth heibio 'chi?

Jeniffyr: Ca'l cynhŷrf ddaru mi wrth deimlo'ch bysadd chi yn fy 'senna.

Terence: Rydach chi braidd rhy dena os ca' i ddeud. Rydach chi'n f'atgoffa i o sdyllan olchi.

Jeniffyr: *(Yn sgwennu bob yn ail â pheidio o hyn ymlaen)*

Mi gofia' i honna. ''Senna fel sdyllan olchi.' Ma' gin i lein os nad oes gin i ddrama.

Terence: 'Run fath â'r hen dramp hwnnw. 'Ma' gin i fotwm os nad oes gin i grys.'

Jeniffyr: Ma' pwy bynnag bia hwn wedi ca'l hwyl ar 'i ddiddosi o.

Terence: Saeson, raid chi'm perig. Hawdd gallan nhw. Gynnyn nhw ma'r cregyn.

Jeniffyr: Cregyn?

Terence: Pres. Arian yn Gymraeg.

(Terence yn symud at y drws a chodi llythyr neu ddau oddi ar y llawr. Mae'n edrych ar amlen.)

Terence: Marc post rwla'n Llundan. Reverend John Davies. Hen Sanct ydi hwn.

Jeniffyr: Mi all'sa fod yn Gymro efo enw fel'na.

Terence: Mwya'n byd 'i gwilydd o'n cipio bwthyn bach snyg. P'run bynnag, mi ro' i fêl ei fawrhydi yn y drôr 'ma a llythyr Littlewoods ar y top i'r eglwysi i gyd ga'l gweld lle ma'i ddiléit o.

Jeniffyr: Ma' personiaid yn waeth na neb. Dydi Yncl Bob byth yn blino deud rhyw stori am y person pan oedd o'n byw yn Aberhosan. Rhyw ddyn pwysig yn 'reglwys yn achwyn bod Miss Jones yr organ wedi ennill ugian mil efo'r *pools*. 'Be nawn ni efo hi Ficar?' medda fo, a wyddoch chi be ddeudodd y Ficar?

Terence: 'I phriodi hi.

Jeniffyr: Gesio ddaru chi?

Terence: Naci. Clywad stori debyg ddaru mi, ond bod y ficar hwnnw'n digwydd bod yn weinidog Methodus yn Lerpwl.

Jeniffyr: O.

(Saib. Sgwennu nodyn ar ei phad sgwennu.)

Dwi'n meddwl 'mod i'n llenwi.

Terence: Be 'dach chi'n feddwl? Be 'dach chi'n feddwl?

Jeniffyr: Teimlo 'mod i'n ca'l deunydd a siâp ar betha.

Terence: Da iawn chi.

(Terence yn darllen llythyr)

Jeniffyr: Peth hyll darllan llythyra'r dyn. Ddylach chi ddim.

Terence: *(Cael blas ar ddarllen)*

Diléit ddeudsoch chi. Ma' diléit hwn i gyd yn 'i drwsus o. Ac mi rydach chi'n iawn, Cymro ydi'r hen foi, ac yn ôl hwn, mae Annwyl Alis yn dipyn o ferlan.

Jeniffyr: *(Darllen dros ysgwydd Terence)*

'Byddaf yma drannoeth y Diolchgarwch. Cofiwch dwymo'r gwely, cariad, a pheidiwch anghofio'r *B*.' A be, medda chi, ydi'r *B*? Y Beibil, debyg?

Terence: Naci. Y bilsan, siŵr iawn.

Jeniffyr: Be nesa 'dwch? Hwya'n byd y bydd dyn byw . . .

Terence: Ia, ia, mwy a wêl a mwy a glyw. A-wê, ma' gynnoch chi ddeunydd awr gron gyfa yn fan'na. Hwyliog hefyd.

Jeniffyr: Ydach chi'n meddwl? Mi dwi'n gweld yma dristwch, braidd. Teulu'r Davies 'ma yn Lerpwl, y wraig a'r plant adra, a hwn yn fa'ma yn ca'l amsar da.

Terence: Matar i chi ydi cymysgu'r pwdin. Mi all'sa fod yn ddigon doniol.

Jeniffyr: *(Yn ddwys)*

Gall'sa debyg.

Terence: Peidiwch ag edrach mor ddigalon, a ninna newydd feddiannu'r castall.

Jeniffyr: 'Sgin i'm help, un fel'na ydw i, ma' petha bach bach yn betha mawr mawr i mi. Faswn i ddim mwy nerfus taswn i'n Guto Ffowc yn yr hen selar 'no.

Terence: Doedd hwnnw ddim yn nerfus.

Jeniffyr: Sut gwyddoch chi?

Terence: Ta waeth, ma'n well imi ddeud wrth yr hen blisman gwirion 'na mod i yma.

(Terence yn deialu ac yn gwrando)

Terence: Hylô? Swyddfa'r heddlu?

(Rhoi ei law dros y derbynnydd)

Plisman dynas sy' 'na.

(Siarad i'r ffôn)

Terence Jones ydw i, yn siarad o Bwthyn Cottage, tŷ ha' y Parchedig John Davies, o ymyl Llundan. Cartra 'nhaid oedd o ers talwm, ac mi dwi'n aros yma i drio darbwyllo 'nhad a'i debyg rhag gwerthu tai i bobol ddiarth, ac yma bydda i am sbel ma' siŵr . . . Sut? . . . Drw' ffenast, roedd y drws wedi'i gloi . . . Naddo, ma' hi'n gyfa . . . Y fo ŵyr hynny, nid fi ydi'r plisman . . . O, o'r gora, dyna fi wedi deud 'mod i yma . . . Pardwn? . . . Dyna chi . . . chitha hefyd a llawar ohonyn nhw.

(Rhoi'r ffôn i lawr)

Am ddynas.

Jeniffyr: Sdowt oedd hi?

Terence: Naci, dwl. 'Ma'n siŵr y daw y gŵr, P.C. Humphrey Menis yna'r funud y bydd o wedi hel digon o fwyar duon i mi'u jamio. Ddaw o i un man nes bydd o wedi ca'l llond 'i fasgiad.'

Jeniffyr: A phryd fydd hynny?

Terence: Dwn i'm, 'sgin i fawr o ffydd y daw o yma o gwbwl. Ma' hel mwyar duon yn bwysicach o lawar na hel Saeson.

Jeniffyr: Trist. O ddau ddrwg, ma'n well gin i ga'l fy nghosbi na cha'l fy anwybyddu.

Terence: Synnwn i hadan nad ydach chi'n llygad 'ych lle. Cynefindra ydi'r drwg. Ma'r ardal yma yn derbyn bob sothach diarth fel trefn rhagluniaeth heb holi na sdilio dim. Damia nhw . . .

Jeniffyr: Daliwch i siarad fel tasach chi'n bedwar ugian.

Terence: *Chi* sy'n 'yn sbeitio *i* rŵan.

Jeniffyr: Ŵ naci-naci-naci wir, daliwch ati, plis.

Terence: Dylanwad Taid ydi o 'chi. Dyna sy'n gneud imi swnio'n henaidd braidd.

Jeniffyr: 'Ych Taid fan hyn? Y Taid Bwthyn Cottage?

Terence: Ia, Bwthyn heb y Cottage oedd o 'radag honno. Mi dreulis i oria bwygilydd yma yn gwrando ar Taid yn deud 'i hanas yn crwydro'r wlad efo'i waith.

Jeniffyr: Pregethwr oedd o?

Terence: Naci, gwaith mwy pleserus o lawar — Dyn Calyn Sdalwyn.

Jeniffyr: Diddorol.

Terence: Ia, mi fyddwn i'n byw a bod efo Taid. Prin gwyddwn i bod gin i dad.

Jeniffyr: *(Yn cynhyrfu braidd)*

Ond *mi* wyddach. Mi wyddach, wrth gwrs?

Terence: Gwyddwn ma'n siŵr.

Jeniffyr: Braf iawn arnach chi.

Terence: Be 'dach chi'n feddwl?

Jeniffyr: 'Wn i'm. Ond hen deimlad gwag ydi bod heb dad.

Terence: Marw ddaru o? 'Ych tad, felly.

Jeniffyr: 'Wn i ddim o'i hanas o. Dim byd.

Terence: Fedra' i mo'ch helpu chi. 'Ta fedra' i?

(Saib. Terence yn edrych ar Jeniffyr yn codi ac yn syllu'n fyfyriol drwy'r ffenest.)

Jeniffyr: Medrwch. Does gin i na thad na mam. A *fuo* gin i rioed.

Terence: Ddrwg gin i ymddangos yn galad ar bwnc personol a dyrys, ond ddaethoch chi ddim i'r byd 'ma mewn cawall o'r awyr.

Jeniffyr: Naddo. Mewn Rols Rois o Nottingham ddois i.

(Chwerthiniad bychan gan Terence)

Jeniffyr: Mi dwi o ddifri 'chi. Dŵad i dŷ Yncl Bob yn ddeuddag oed mewn Rols Rois ydi hanas Dic 'mrawd a finna.

Terence: Sgiws mi, ond os nad oes gynnoch chi dad, wela' i ddim sut medrwch chi ga'l na brawd nac ewyrth.

Jeniffyr: Wela' inna ddim chwaith, ac mi rydw i wedi trio'n galad. Rydw i'n unig a dideulu.

(Jeniffyr yn rhoi ei phen yn ei dwylo)

Terence: Be sy'n bod?

Jeniffyr: Mi gwelwch fi'n *fras*, ma'n siŵr.

Terence: 'Wn i'm am be 'dach chi'n sôn.

Jeniffyr: Ma' gin i isio babi, ac mi dwi'n gofyn i chi 'i roi o imi.

Terence: Pwyllwch.

Jeniffyr: Rydw i o ddifri. Mi dala' i'n iawn ichi. Ma' gin i ddigon o fodd. Wir, *modd* ydi cwmpas yr unig beth sydd gin i. Pres . . . pres, ma' gin i fwy na digon o hwnnw.

Terence: Pres mawr y Rols Rois.

Jeniffyr: Ia. Be 'dach chi'n ddeud?

Terence: Ew, 'dwn i'm. Nid *prynu* bywyd ydach chi. Dydi pres ddim yn dŵad iddi, codi o gariad ma' cenhedlu plant.

Jeniffyr: Tybad hefyd? Dwi'n meddwl 'ych bo' chi'n rhoi'r drol o flaen y ceffyl. Mi faswn i'n deud ma' codi o genhedlu plant y mae cariad.

(Symud tua'r siambar. Yna aros.)

Dowch, os na ddowch chi mi fydd raid imi chwilio am ddyn arall. Mi ro' i ganpunt ichi ar 'ych llaw.

(Terence yn cychwyn tuag at Jeniffyr. Y drws yn agor. Jeniffyr yn eistedd mewn anobaith. Daw tramp i mewn. Mae ei het yn fathodynnau drosti. Mae'n ddyn bywiog sy'n siarad bymthag y dwsin. Jeniffyr yn hwylio i godi.)

Tramp: Na, peidiwch â chodi Musus, chodis i i neb rioed, a tydw i'n disgw'l i neb godi i minna. Dyna fydda i'n ddeud, Giaffar.

(Wrth Terence)

'Sgynnoch chi ddim pwt bach lleia rioed o weiran, m'wn? Ma' gin i eda a nodwydd. Pwt bach dair, bedair modfadd neith tro'n iawn. Ma' gin i bwt yn cau —

(Edrych ar ei falog)

— na, fiw 'mi, ma'n well imi beidio deud, does dim yn fy sdyrbio i'n fwy na chlywad pobol yn iwsio geiria hyll o flaen merchaid . . .

Jeniffyr: Chwara teg ichi. Rydach chi'n iawn.

Tramp: Ydw. Oes ma' gin i bwt o weiran yn cau 'nhrwsus, weiran dda hefyd — weiran dorri caws. Cha'l hi am ddim gin rhyw siopwr pen yma i Swalo Ffowls ddaru mi, dwi'n 'i nabod o ers blynyddoedd 'chi, Gittins — Huw Gittins. Huw fydda i'n 'i alw fo, fynta'n 'ngalw i yn Gryffis er ma' Gryffudd ydw i. 'Liciach chi afal ne' jaffa a mynd allan i fyta fo Gryffis?' 'Ma' afal yn codi dŵr poeth arna' i,' medda fi, 'ac ma' sîg jaffa yn torri gwefla dyn sy'n cerad yn yr *open air*,' me' fi. 'Chyma' i ddim afal, chyma' i ddim jaffa,' medda fi, 'ond mi ddeuda' i ti *be* gyma' i, mi gyma' i bwt o weiran gaws — dair, bedair modfadd,' medda fi fel'a. '*Right you are. Coming up*,' medda Huw. A dyma chi.

(Dangos ei falog)

Y pwt o weiran ora' dyllodd drwsus.

(Jeniffyr a Terence yn amheus o'r llifeiriant ar y dechrau, ond Jeniffyr yn graddol weld deunydd yma)

Tramp: Wel?

Terence: Ia?

Tramp: Y weiran 'ma, 'sgin ti bwt? Fiw 'mi dynnu'r weiran s'gin i'n cau-cau-cau nhrwsus.

Jeniffyr: Pam dwch?

Tramp: Drafft 'te? Oerfal debyg iawn. Ma' gin i feddwl o mhrostret, un mawr, ylwch *chi*. Doctor du yn Walton . . .

Jeniffyr: Jêl?

Tramp: Naci, 'sbyty. Y Blac yn gwthio'r bys hira oedd gynno fo i ben draw fy ffliwia i. 'Gryffis,' medda fo, 'ma' gynnoch chi brostret cymint â phowlan siwgwr.'

Terence: Ga' i ofyn ichi i be ydach chi isio weiran?

Tramp: Ar bob cyfri. Newydd briodi ydach chi, m'wn?

Terence: Tydw i ddim wedi priodi, eto.

Tramp: 'Run fath â fi, tydw inna ddim wedi priodi, eto. Gallach dair gwaith. Peidiwch â meddwl 'mod i'n holi, bancio 'ta cadw pres yn tŷ byddwch chi?

Terence: Gwario nhw bydda i.

Tramp: *(Chwerthin fel peth gwirion)*

Gwario nhw bydda i, he-he-he. Bancio 'ta cadw pres yn tŷ byddwch chi, medda fi wrth ryw gwpwl bach reit neis yn ochra Dinas Dinlla ddoe. Dipyn o surbwch oedd yr hen foi. 'Gwario nhw bydda i,' fel'a deudodd o. Un dda 'te? Gwario nhw bydda i, gwario nhw bydda i.

(Chwerthin)

Terence: Gwrandwch. Sdeddwch am funud inni ga'l trio dallt 'yn gilydd.

Tramp: Isda, na 'na. Dau elyn penna'r wlad 'ma a Mericia, cadar a gwely. Ma' 'na ddynion mawr iawn wedi ca'l cricmala wrth isda, ac mi wn i am bynna o bobl sydd wedi marw yn 'i gwlâu.

Jeniffyr: Roeddach chi'n deud 'ych bod chi isio pwt o weiran.

Tramp: O'n. Tair ne' bedair modfadd. Byd ar diawl ydi hwn — sorri — byd rhyfadd ydi hwn. Petha syiyns 'na'n gofyn am bum can miliwn i'r Treshyri, ac ma' nhw'n 'i ga'l o fel'a, un, dwy, tair dros cowntar, finna'n gorod chwipio Cymru o Dŷ Ddewi i Dŷ Croes am bwt bach o blydi weiran. Biwrocrasi, hwnna ydi drwg. Dew, tasach chi wedi crwydro fel ydw i Musus, mi fasach yn gweld ma' dynion gwellt ydi'n politishians ni i gyd, dim sgrap o lwchyn o ddim yn 'u penna nhw. Collad fawr oedd colli Gladstone.

Terence: Sut?

Tramp: Collad fawr oedd colli Gladstone. F'ewyrth, Yncl Lloyd, rhoth o ar 'i draed 'chi. Helpu o i dorri coed ym Mhenarlâg 'na. Ylwch rynawê sy' 'na heddiw.

Jeniffyr: Rynawê?

Tramp: Ia, debyg iawn. Ac eroplêns yn landio yno o bob cwr o'r byd. Mi fuo mi'n tendio nhw am bnawn cyfa 'rwsnos dwetha. Ma' hi fel 'farchnad felys' yno.

Jeniffyr: Ma'n biti'ch sdyrbio chi. Ond be newch chi â weiran?

Tramp: A-hâ.

(Mynd i'w boced a thynnu botwm allan)

Jeniffyr: Botwm gloyw.

Tramp: Ia, wel, ydi *mae* o'n fotwm, wrth reswm, ond mae o cystal â baj i mi.

Terence: Bathodyn.

Tramp: Dwi'n gythral am fajis 'chi. A tasa gin i weiran mi faswn i'n 'i rwmo fo ar 'yn llawas fel hyn, ylwch.

(Y Tramp yn rhoi y botwm ar ei lawes dde efo'i law chwith)

Tramp: Ia, dyna fo, ar yr *off side* fel'a. Wrth 'mod i'n cerad bob amsar ar 'rochor chwith mi gwêl pawb o fel'a. Mae o yng ngolwg pawb, 'tydi?

Jeniffyr a Terence: Be am yr eda a nodwydd s'gynnoch chi?

Tramp: Un ar unwaith, 'te. *One at a two*.

Jeniffyr: Mi ddeudsoch fod gynnoch chi eda a nodwydd yn 'ych pocad. Pam na phwythwch chi'ch botwm?

Tramp: *Baj*. Ac ma' gin i ddau reswm da iawn. Yn gynta peth, fedra' i ddim cynnig ca'l f'eda drw' nodwydd. Nid o ddiffyg trio, cofiwch chi, o naci. Mi sdeddis i am oria yn nhin clawdd yn Swalo Ffowls, ac mi ymladdis yn galad iawn a'r haul yn crasu 'ngwar i. Baswn, mi faswn wedi llwyddo yn pen dwetha 'bai i wenyn dof bigo 'ngwegil i. Do, mi gerddis — rhedag taswn i'n deud yn iawn — bob cam i Gob Porthmadog a cholyn y diawl peth yn 'y ngwegil. Y boi Beca 'na, y boi ar gatia tynnodd o allan imi efo twisyrs, colyn cymint â thafod fyipar.

Terence: Tybad?

Tramp: Does 'na ddim tybad ohoni. 'Colyn mwya welodd dyn erioed,' medda'r hogyn Tolldy 'na, 'ylwch, ma' un pen iddo fo yn Sir Gnarfon a'r pen arall yn Sir Feirionnydd.'

Jeniffyr: Mi ro' *i* eda yn nodwydd ichi.

Tramp: Faswn i damad haws. Diolch ichi, 'run fath. Dydw i ddim yn llawchwith ylwch, a ph'run bynnag —

(Dangos)

— pwy sy'n mynd i ddal y gloyw 'ma ar 'yn llawas dde i tra bydda i'n pwytho efo llaw chwith?

Terence: Da iawn, ma' gynnoch chi reswm cry' dros bob peth.

Jeniffyr: Ma'n bosib tynnu côt.

Tramp: Beg pardwn?

Jeniffyr: Tynnwch chi'ch côt, ac mi wnïa i y botwm — y bathodyn ar 'ych llawas chi.

Terence: Ia, tynnwch hi.

Tramp: Na, wir. Ma' rheswm ar gymwynas. Rydach chi'n rhy ffeind. Thâl hi ddim imi sdyrbio'ch sdydis chi.

Jeniffyr: Sdydis?

Tramp: Ia, mi wn i o'r gora ma' sdiwdants ydach chi. Dwi'n hoff iawn o sdiwdants. Set neis iawn — sdiwdants, ac yn cymryd 'ych gair chi, coelio bob un dim ac yn meddwl yn uchal o bawb. Gwrandwch, un cyngor — un tip bach Musus, fydda i ddim yn rhoi hwn i bawb: 'Peidiwch â meddwl yn rhy uchal o'r werin'. Ma'r werin wedi marw i ga'lyn Sdreic Fawr Penrhyn. Ma'r werin hiddiw'n rhy brysur yn hel arian i fynd yn Doris. Gwerinwr o'n inna nes gwelis i y gola coch. Dictetor pia hi hiddiw. Dydi'r gwerinwr hiddiw'n dallt un dim ond ffroena dwy faril dan 'i din. Dwl, cyntri bymcins, dyna nhw ichi.

Jeniffyr:	Peidiwch, rydach chi'n 'ngneud i'n drist.
Tramp:	Ddaru chi 'nghymall i i dynnu 'nghôt?
Jeniffyr:	Do, tynnwch hi, ac mi wnïa inna'r botwm.
Tramp:	Baj.
	(Tynnu ei gôt a'i rhoi i Jeniffyr)
	Chydig feddylis i y gwelwn i ddwrnod y byddwn i'n tynnu 'nghôt. Byddwch reit ofalus Musus, peidiwch â'i dal hi â'i phen i lawr. Ma' llun Mam 'rhen gryduras yn 'i phocad hi. Ma' hi'n bedwar ugian a deg hiddiw a'i chefn hi'n syth fel soldiwr.
	(Saib fer. Y Tramp yn edrych ar Jeniffyr yn pwytho.)
Tramp:	Canu oedd petha Mam, a dawnsio ron bach, wrth reswm, cymryd y lîd yn Saglyrs Wels pan oedd hi'n ifanc. Mi fasa'n canu fel eos hiddiw oni bai iddi fynd i sgrêp efo ryw Flac mewn Rols Rois.
Jeniffyr:	*Lwcus hi*, ddeuda' i.
Tramp:	Mi gafodd efeilliaid, ac erbyn bod y ddau'n ddu bitsh fedra' Mam ddim cynnig deud p'run oedd p'run. Wyddoch chi be, mi gerddis i bob cam i Ga'rdydd yr ha' 'ma i weld y petha weiarles 'na. '*Look here*,' medda fi wrth rwbath â siwt coitsmon, '*I want you to song a sing for Mam ninety nex week.*' 'Dwi'n medru Cymraeg,' ge's i.
Jeniffyr:	Gawsoch chi record?
Tramp:	Pach! Naddo. 'Gyrrwch lythyr *stamp adress*,' dyna 'chi Arab.
Terence:	A fasach *chi* ddim yn meiddio gyrru llythyr heb stamp arno fo?
Tramp:	Wel baswn, ond faswn i ddim yn meiddio gyrru llythyr heb adress.
Jeniffyr:	Gwrandwch. Rydach chi yma ers chwartar awr.

Tramp: Ugian munud.

Jeniffyr: Ugian munud, 'ta. Ac mi rydach chi wedi siarad fel pistyll.

Tramp: Sorri, ddrwg gin i . . .

Jeniffyr: Na, mi rydach chi wedi deud amball i beth reit dda . . .

Tramp: . . . ond 'mod i'n tueddu i gonffiwsio. Ia, synnwn i 'run blewin nad ydi hwnna'n ddiffyg yna' i. Rydan *ni*, hogia sy'n cerad, yn dueddol braidd o neud hynna . . . o . . . o ddeud gormod a thagu'r dyrnwr. 'Dach weld, pan fydda i yn cerad o Swalo Ffowls i Sdiniog, rydw i'n dueddol iawn 'i chymryd hi —

(Dangos efo'i ddwylo)

— fforcw a fforcw ne' fforcw. Dydi Sdiniog fel Sdiniog yn un dim i mi . . .

Terence: Arglwydd mawr, sdeddwch yn ddistaw am bum munud.

Tramp: *(Wrth Jeniffyr)*

Rydach *chi'n* gneud cymwynas fawr â mi —

(Eistedd)

— mi sdedda' inna i chitha.

(Terence yn dal dysgl afalau i'r Tramp)

Terence: Afal?

(Y Tramp yn edrych i mewn i'r ddysgl)

Tramp: Nialwch. Fydda i'n cyboli efo dim ond *Biwti o Bath*. Gittins — Huw — siopwr yn Swalo Ffowls yn cymall imi afal ne' jaffa a mynd allan i fyta fo. 'Ma' afal yn codi dŵr poeth . . . '

Terence: . . . ac ma' sîg Jaffa yn torri gwefla dyn sy'n cerad yn yr *open air*.

Tramp:	Gawsoch chitha'r profiad?
Terence:	Naddo, chi ddeudodd gynna.
Tramp:	Ddeudis i?
Jeniffyr:	Do. Ond dydach chi ddim wedi deud pa fusnas s'gynnoch chi'n fa'ma.
Tramp:	Chwilio am weiran rydw i. Pwt dair ne' bedair modfadd.
Jeniffyr:	Ond dydach chi ddim yn cerad i mewn i bob tŷ welwch chi i chwilio am bwt o weiran?
Tramp:	Ydw debyg iawn, dwi'n cerad nes ca' i un.
Terence:	Dyn weiran ydach chi, felly?
Tramp:	Wel ia, dyn weiran ymhlith petha er'ill, 'te. Rydw i *yn* ddyn weiran . . .
Terence:	Ac mi ddaethoch i mewn i'r tŷ 'ma trw'r drws ffrynt.
Tramp:	Do, debyg iawn. Does 'ma ddim drws cefn.
Terence:	Rydach chi'n gyfarwydd â'r lle 'ma, os ca' i ddeud.
Tramp:	Mi wn i lle ma'r hen Ddefis yn cadw'r goriad.
Terence:	Ac mi rydach chi'n nabod 'ych gilydd?
Tramp:	Dydw i rioed wedi'i gwarfod o, os dyna w't ti'n feddwl. Rydan ni'n colli'n gilydd bob gafa'l, ti'n gweld. Rydw i yma'n gaea', ac mae onta yma yn 'r ha'.
Jeniffyr:	Ond ma' hi'n ha' rŵan hyn.
Tramp:	Ydi, ydi ac un rhy boeth o'r hannar i mi sy'n cerad.
Terence:	Wel?
Tramp:	Wel be, Giaffar?
Terence:	Rydach chi wedi galw a hitha'n ha'.
Tramp:	Ydw, rw't ti'n iawn. Ddeuda' i iti, mi a'th petha dipyn bach yn chwithig. Hel mefus yn Brij North tu draw i Sdrôbri — naci naci, tu draw i Shrewsbury

bydda i bob ha' fel ma' ha'n dŵad. Dwi'n hel yno ers deng mlynadd, ond 'leni mi gymrodd Redman yn 'i ben . . .

Terence: Redman?

Tramp: Ia, y tsiap, y ffarmwr bia'r mefus, mi gymrodd yn 'i ben i newid fy lle i, i newid 'mhosision i. Ti weld, fi ydi'r cynta yn rhes ers pan dwi'n cofio, ac mi dwi'n heliwr glân er mai fi sy'n deud, ond 'leni ma' Redman wedi cymryd petha ifanc o Colej i hel. Does gin i un dim yn erbyn sdiwdants, pobol ifanc neis iawn, ond mi a'th Redman yn rhy bell; rhoi lefran dal o Colej Aberystwyth yn nymbyr wan a finna'n nymbyr tŵ.

Terence: Wela' i ddim pa wahaniaeth . . .

Tramp: Gwahaniaeth! Sut basat ti'n licio cwmanu tu ôl i lefran ifanc a honno'n glunia i gyd? Ia, a hynny drw'r dydd? Ma' gin i 'nghiarictor.

Jeniffyr: Oes debyg iawn, mi wela' i be s'gynnoch chi.

Tramp: 'Redman,' medda fi, 'un ai mae Mefus' — dyna enw'r hogan hefyd — 'un ai mae Mefus yn gwisgo trowsus ne' mi dwi'n mynd trw' giât lôn.' A thrw' giât lôn dois i.

Jeniffyr: A dyna ddiwadd ar hel mefus.

Tramp: O, dwn i'm be am ddiwadd. Dwi wedi bod yn meddwl — dwn i'm be 'ddyliat ti o ryw blan fel hyn.

(Edrych ar Terence)

Flwyddyn nesa os ca' i fyw, mi alwa' i heibio i Redman reit fuan yn sesn ac mi dria' i ga'l gynno fo roi Mefus — roi'r hogan 'na — yn rhes wrth f'ochor i. W't ti'n meddwl gweithith hynny?

Terence: Gneith, ond ichi ofalu na fydd Mefus ddim yn ca'l blaen arnoch chi. Os pasith hi chi yn rhes mi fyddwch yn 'run twll yn union.

Tramp: *(Slap ar gefn Terence)*

Rw't ti'n iawn Giaffar, rw't ti'n llygad dy le.

(Tramp yn tynnu ei het i edmygu y bathodynnau sydd arni)

Tramp: Dwi'n gythral am fajis. Weli di'r dyn du bach 'ma? Efo jam marmalêd ce's i hwn, mynd â thri pot jam gwag i siop yn Llandinam, a'r ddynas yn rhoi hwn imi yn 'u lle nhw. A baj scowts ydi hwn, baj preifat Bledran Pŵal 'i hun. Ydi hi ddim yn amsar imi ga'l llymad o rwbath? Dwi'n gl'uo isio diod.

Jeniffyr: Mae 'ma ddŵr da iawn.

Tramp: Fedra' i mo'i gynnig o. Dwi'n credu dylian ni yfad iechyd da yr hen Ddefis.

(Y Tramp yn agor cwpwrdd sy'n llawn o amrywiol boteli)

Tramp: Be gymrwch chi? Gwin riwbob, cwsberis, ysgaw ne' dandelion and buttocks?

Jeniffyr: Y Canon Davies bia hwnnw. Ddylian ni ddim . . .

Tramp: Ddylia fonta ddim chwaith, ond yfad ma' pawb.

(Tramp yn estyn tri gwydr a thywallt)

Tramp: Mi driwn ni riwbob i gychwyn. Ma' riwbob yn dda iawn at y bŵals.

Jeniffyr: Dwi'n poeni, braidd.

Tramp: Peth gwiriona newch chi Musus ydi poeni. Rydw i wedi rhoi'r gora i'r gêm honno ers dalwm.

Jeniffyr: Oes gynnoch chi hawl i fynd i gwpwrdd dyn diarth heb ofyn . . .

Tramp: Gofyn? Dydi gofyn yn da i un dim. Taswn i'n gofyn i'r Ficar — i'r Canon 'ma gawn i un o'i boteli o, mi gwrthoda fi'n syth. Felly, peidio gofyn 'te? *Cymryd* y peth fydda i isio bydda i. A *chymryd* y canlyniada bydda i hefyd.

Jeniffyr: Ond ylwch helynt gaech . . .

Tramp: Hold on, ma'n iawn i minna ga'l gair i mewn weithia. Ylwch, dyna ddiffyg mwya'r hen wlad fach 'ma.

Terence: Be, felly?

Tramp: Wel, *gofyn* 'te. Pawb yn mynd â'i gap yn 'i law a gofyn ga' i peth yma a ga' i peth arall. Ma' hi'n amsar inni *gymryd* amball i beth bellach. Dydach chi'n yfad dim Musus.

(Tywallt mwy i Terence)

Mi neith hwn ddirfawr les ichi. Mi fydda i'n trio cymryd dropyn neu ddau ryw ben bob dydd.

Terence: Ia, *cymryd*.

Tramp: *(Chwerthin)*

Un doniol ydi Giaffar, Musus. Peidiwch ag edrach mor ddigalon, dydi'r byd ddim ar ben.

(Yfed)

Jeniffyr: Pwy sy'n sôn am y byd? Dydi'r byd yn ddim i mi.

Terence: Y petha sy'n digwydd o'n cwmpas ni sy'n 'yn poeni ni. Saeson yn cipio'n bythynnod ni a'r iaith yn marw.

Tramp: Yli Giaffar, rydw i'n ddieuog ar y ddau ben. Rydw i'n siarad Cymraeg . . .

Terence: Bymthag yn dwsin . . .

Tramp: A chipis i rioed fwthyn neb. Dydi bwthyn — dydi tŷ yn da i ddim i mi.

Jeniffyr: Fuo gynnoch chi rioed dŷ?

Tramp: Roedd gin Mam dŷ, ond thalis i rioed geiniog o rent i na landlord na Chyngor Dosbarth.

Jeniffyr: Dydach chi'n cyfrannu dim i gymdeithas . . .

Tramp: Pam dyliwn i? Dydi cymdeithas yn cyfrannu dim i mi.

Jeniffyr: Rydach chi'n hunanol.

Tramp: Ydw, debyg iawn. Ma' pawb call yn hunanol, Musus. Dynion mawr y byd bob un wan jac ohonyn nhw, ma' nhw'n hunanol. Cymrwch Crysmas Colymbys . . .

Terence: Christopher.

Tramp: Ia, hwnnw. Be o'dd colic hwnnw? M?

Terence: 'Dwn i'm.

Tramp: Isio bod yn gynta i infentio Mericia.

Terence: Ylwch . . .

Tramp: Gruff. Galw fi'n Gruff. Mi galwa' inna ditha'n Ieuan.

Terence: Terence.

Tramp: Gwranda Ieuan . . .

Terence: Naci, gwrandwch *chi* arna' *i* tro yma. Waeth gin i faint yfwch chi o ddiod yr hen berson 'ma . . .

Tramp: Boi da, boi call . . .

Terence: Ond peidiwch â deud mai ni yfodd o. Dallt?

Tramp: Ieuan. Peth dwetha na' i fydd sblitio — fydd achwyn ar fy ffrindia.

(Agor drôr)

Hei, ma' lifra'r hen Barch i gyd yma'n daclus.

(Rhoi coler gron am ei wddf)

Dydw i rioed wedi ca'l rhoi 'ngwddw yn 'run o'r rhein. 'Rhen Sgŵl fydda'n deud bob amsar, 'Gruff, mi 'nei di brygethwr, ma' gin ti safiad prygethwr, ma' gin ti rwbath i ddeud.'

Jeniffyr: *Digon* i ddeud, ddeudodd o dwi siŵr.

(Y Tramp yn gwisgo côt y person, ac yn cerdded o gwmpas)

Tramp: Mi faswn i'n gneud gwinidog Wesla siort ora. Fa'ma hiddiw, fan'cw fory.

(Mae'n gweld bathodyn Tafod y Ddraig gan Jeniffyr)

Baj tlws. Pwy w't ti'n joinio i ga'l un o rhein?

Jeniffyr: Bathodyn Cymdeithas yr Iaith Gymraeg ydi o?

Tramp: 'Sgin ti 'run i sbario, m'wn?

Terence: Ma' hwnna'n golygu dipyn bach mwy na Tedi Têl a Tomos y Tanc, dalltwch chi.

Tramp: Rw't ti'n iawn Toryns, yn llygad dy le yn fan'na. Ma' hwnna'n debycach i Urdd Gobaith Cymru Fach a'r rheina.

Terence: Ydi, a nag'di.

Tramp: Dwi'n medru lot o benillion barddoniaeth Gymraeg ar 'y ngho'. Ac mi dwi'n cymyd diléit mewn englynions hefyd. Fasa'n ddim gin i gracio englyn bach go sbesial iti rŵan hyn.

Jeniffyr: Gamp i chi.

Tramp: Aros di. Ieuan w't ti 'ntê. Ia, debyg iawn.
Dyn diwyd iawn ydyw Ieuan, — a'i wên
Dywynol ymhobman;
Awen Duw yn llawn o dân
Ydyw enaid ei anian.

(Mae'n dal ei law allan)

Baj.

Jeniffyr: Englyn reit dda.

Terence: Ia. Biti na fasa pia chi o. Englyn Gwilym Deudraeth i Ifan Roberts, gweinidog Wesla yn Lerpwl ydi hwnna.

Tramp: Yr hen golar 'ma drysodd fi, ma'n siŵr. Ta waeth, mi deudis i o heb fisio llythyran.

Jeniffyr: Do, dyma chi.

(Jeniffyr yn rhoi bathodyn y Tafod yn y gôt i'r Tramp)

Jeniffyr: A rŵan, braint ac anrhydedd i mi ydi cael cyflwyno y bathodyn bychan hwn i Gryffudd Gryffis, gynt o Saglyrs Wels a Wrecsam a Stiniog a Rhesi Mefus. Gobeithio daw o â llawar iawn o hwyl i chi.

Tramp: Bendith arnoch chi, rydach chi'n dramp — yn drymp.

(Mae'n tynnu hances hir o'i boced a sychu ei lygaid)

Dydi hwn ddim yn lle i neud sbîj.

Jeniffyr: Nag'di. Steddwch ichi ga'l 'ych cefn atoch.

Tramp: Ia, 'te?

(Y Tramp yn eistedd mewn cadair freichiau, ac yn helpu ei hun i botel win sydd wrth ei ochr ar fwrdd bychan)

Tramp: Credu y cymra' i un tropyn lleia rioed i ddathlu.

(Y Tramp yn cymryd llwnc go fawr, yn cau ei lygaid i gysgu, ac yn gollwng y botel wrth ei draed. Saib.)

Jeniffyr: Mae 'na gloch bach yn 'nghlust i. Mi siaradodd yn ddi-stop.

Terence: *(Edrych ar y Tramp yn cysgu)*

Do. Diofal ydi Dim.

Jeniffyr: Ia, dim poen yn y byd.

Terence: Paldarûwr ydi o. Ddeudodd o ddim byd o werth.

Jeniffyr: Chwara teg. Mi deudodd o'n ddigon difyr. Mi rown i lawar iawn am hannar 'i ddawn a'i ddeunydd o, heb sôn am 'i blwc o.

Terence: Be ti'n feddwl?

Jeniffyr: Byw heb falio dim am fory. Byw heb geiniog ar 'i elw, byw heb dŷ. Ni yn brwydro am ein hannibyniaeth, i gymryd o ma' hwn. Does *ar* neb ddim iddo fo a does arno fonta ddim i neb.

Terence: Oes, mae arno fo bunnoedd i'r Refrand John Davies, ac mi fydd arno fo fwy os eith o'n sâl dros 'i gôt ora fo.

Jeniffyr: Bydd debyg.

(Jeniffyr yn cerdded at y ffenest/bwlch, ac yn sefyll yno â'i chefn at Terence)

Terence: Be sy'n bod?

Jeniffyr: Meddwl ydw i.

Terence: Am be?

Jeniffyr: Roedd Yncl Bob a Dic yn iawn bora 'ma pan ddeudson nhw fod deunydd ar ga'l dim ond imi fynd allan i chwilio amdano fo. Mae 'na amal i berl i'w gweld ynghanol paldarûo hwn 'sdi. Rhyngoch chi'ch dau mi dwi'n meddwl bod gin i rwbath i ddeud. Mi ge's eiria gin hwn ac mi gaf brofiad gin titha. Dwyt ti rioed wedi anghofio?

Terence: Anghofio be?

Jeniffyr: Y babi. Rydw i o ddifri 'sdi. Ty'd.

(Jeniffyr yn gwthio Terence o'r golwg gan adael y Tramp yn chwyrnu cysgu â'i geg yn agored. Daw basged i'r golwg hyd braich, ac yna y Plisman sydd yn ei chario. Daw y Plisman at y Tramp, edrych arno, rhoi ei fasged i lawr a chodi amlen sydd ar y cwpwrdd yn ymyl. Mae'n mentro rhoi ei fys yn ysgafn ar fraich y Tramp. Dim ymateb. Mae'n rhoi pwniad galetach. Y Tramp yn neidio i fyny.)

Tramp: Posman. Plisman dwi'n feddwl. Pwy roth ganiatâd i chi ddŵad i 'nhŷ i a-a-ac yfad fy niod i?

Plisman: Ma'n ddrwg gin i orfod 'ych deffro chi Refrynd Davies.

Tramp: Finna hefyd.

(Y Tramp yn agor potel win a thywallt gwydriad helaeth i'r Plisman)

Plisman: Rydw i yn y ffôrs ers ugian mlynadd . . .

Tramp: Gwilydd mawr i chi.

Plisman: A casa peth gin i ydi deffro . . .

Tramp: Yfwch hwn, ac mi gysgwch fel mochyn.

Plisman: Fedrwch chi sbario fo Refrynd?

Tramp: Na fedra', ond yfa fo, a sdedda os lici di.

Plisman: Ar 'ych ôl chi Refrynd.

Tramp: Y?

(Mewn dryswch)

O ia, wela' i.

(Eistedd ac yna'r Plisman yn eistedd)

Wel?

Plisman: Ydi, mae o'n win da iawn, gyda'r gora.

Tramp: Wn i bod o'n dda. Ddoist ti ddim yma i ganmol fy ngwin i.

Plisman: Naddo, rydach chi'n graff iawn Refrynd. Ma' gin i barch mawr iawn i bersoniaid, mi fuo mi'n darllan llithoedd pan o'n i'n llanc. Roedd Mam yn selog iawn am imi weithio fy hun i fyny'n berson. 'Rhen Groeg 'na hambygiodd fi. Oes, ma' gin i barch mawr iawn i bersoniaid.

Tramp: Does gin i ddim. Cnafon meddw ce's i nhw rioed. Wesla ydw i, ond 'mod i efo'r English Wesla. Mi es i i mewn pan oedd y *five year plan* yn dŵad allan.

Plisman: Debyg iawn, ma'r hen iaith ar flaena'ch bysadd chi.

Tramp: Beg pâ?

Plisman: Rydach chi'n Gymro rhugl, os ca' i ddeud.

Tramp: Ac mi rydw i'n gneud englynions wrth dwsin. Am neud englynions ce's i'r baj 'ma.

Plisman: Tewch da chi.

(Edrych ar y baj a styrbio)

Grym mawr, dydach chi rioed yn perthyn i'r petha iaith 'ma?

Tramp: Ydw, rydw i newydd joinio. Yf laeth.

(Tywallt gwin i'r Plisman)

Plisman: Ond ma' hyn yn drysu petha, braidd.

Tramp: Ddrysodd gwin neb rioed.

Plisman: Na, *chi* Refrynd. Chi yn perthyn i'r petha iaith 'na. 'Dach chi'n gweld . . .

Tramp: Na, tydw i *ddim* yn gweld. Dywad dy fusnas.

Plisman: Ma' hi'n stori faith Refrynd.

Tramp: A does dim isio iti ddeud 'Refrynd' bob tro 'gori di dy geg. Rw't ti'n waeth na'r torrwr beddi.

Plisman: Wel, Syr, ro'n i allan yn hel mwyar duon i Musus Menis.

Tramp: Mefus ydi 'mhetha i.

Plisman: A phan ddois i'n f'ôl at y car mi ddoth y ffarmwr ata' i wedi ca'l negas gan Musus Menis yn deud bod un o'r petha iaith 'ma wedi comandirio Bwthyn Cottage.

Tramp: Ble ma' fan'no?

Plisman: Ond *fa'ma*, Syr. Hwn ydi Bwthyn Cottage.

Tramp: Ia ia, dwi'n dallt hynny. Sut medra neb gomandirio fa'ma a finna yma? Ia, ac yn ffrio nionod ar ben hynny?

Plisman: Ia, ro'n i'n meddwl 'mod i'n snwyro nionod.

(Edrych ar raff nionod sy'n hongian ar y pared)

Peidiwch â 'nghamddeall i Refrynd.

Tramp: Syr.

Plisman: Dydw i ddim yn 'ych drwg-ama *chi*, wrth reswm. Ond ddaru chi ddim digwydd ffônio Musus? Gweld chi'n un o'r petha iaith 'ma.

Tramp: A llai o'r 'petha iaith' 'na. Doro'r enw iawn i bobol, Clwb y Cymry Cadarn ydan ni, Ec Ec Ec, Sî Sî Sî.

Plisman: Diolch fawr ichi. A fasa ddiban yn byd ichi gomandirio'ch tŷ'ch hun, wrth reswm.

Tramp: Debyg iawn, debyg iawn.

Plisman: Ma' gynnoch chi *bâr* go flêr os ca' i ddeud.

Tramp: Pâr be?

Plisman: O ddyn yn 'ych swydd a'ch safla chi ma' gynnoch chi ffaga garw am 'ych traed.

Tramp: Newydd ddŵad o'r ardd ydw i. Mefus ydi 'mhetha i.

(Gweld y fasged a mynd i'w chodi)

Newydd hel basgedad . . .

Plisman: *(Yn sdyrbio)*

Naci, fy mwyar duon i ydi'r rheina. Taswn i'n colli'r rheina mi âe Musus yn gythral. Sgiwsiwch fi, Syr.

Tramp: Ddaru chi ddim digwydd drysu dwy fasgiad? Ma' gin i un 'run ffunud â hon.

Plisman: Na, wir, ma' hon wedi bod yn *lost property* am wsnos.

Tramp: Tydw i'n ama monat ti. Ddaru mi ddim drwg-ama neb rioed. Yn fy swydd i fiw imi ddrwg-ama pobol.

Plisman: Ydw, mi rydw i'n gweld be s'gynnoch chi, Syr, mi allsach yrru'r Eglwys — yrru'r aeloda i yddfa'i gilydd dros nos. Mi wn i am godwr canu . . .

Tramp: Canu ddeudist ti? Mi fuo Mam yn Saglyrs Wels.

Plisman: Tewch da chi. Mi fûm inna yn Llandrindod unwaith. Rydach chi'n reit siŵr felly na welsoch chi neb amheus hyd y lle 'ma.

Tramp: Ydw. I be doe neb i fa'ma? Mae o'n wag yn gaea', ac mi rydw inna yma yn yr ha'.

Plisman: Dyna'r union le i'r petha iaith 'ma — y Cymry ifanc 'ma. Ma' nhw'n dal allan bod pobol ddiarth yn cipio tai dan drwyn pobol y lle 'ma. Ac ma'r rhai gwiriona ohonyn nhw'n honni na fydd 'na ddim ond Saeson yn byw ym mhob tŷ yn yr ardal 'ma 'mhen pum mlynadd.

Tramp: Ac ma' nhw'n iawn.

Plisman: Dydach *chi* rioed yn coelio ryw jolop fel'a Syr?

Tramp: Debyg iawn 'mod i. G'na di dy syms, dyna ti'n ca'l un teulu o Saeson ym mhob rhes dai . . .

Plisman: *(Codi a mynd tua'r drws)*

Naci naci naci, peidiwch â deud. Dydw i ddim isio gwrando ar hen glecs fel'a. Dyn tawal ydw i, yn cymryd gair pawb. Pawb neud fel fynno fo, dyna fydda i'n ddeud. Fuo 'ma neb ar 'ych cyfyl chi, felly? Neb yn gneud twrw bach na mawr?

Tramp: Welis i neb ond chdi o ben bora. Ac os ca' i ddeud, dydw i fawr elwach o dy weld ditha.

Plisman: A tydach chi ddim wedi colli bwyd na dillad gwlâu ne' ballu?

Tramp: Potal win neu ddwy, y plismon fuo'n difa rheiny.

Plisman: Ma' gynnoch chi sens o hiwmor, Syr. *Rhaid* inni ga'l sens o hiwmor. Nawn ni un dim ohoni heb sens o hiwmor, na nawn mewn byd nac eglwys.

(Edrych ar y cloc tywydd)

Ma'r *glass* ar *Fair* ddyliwn, mi ddeil y tywydd braf am ddwrnod ne' ddau eto gewch chi weld. Da b'och a phob hyfrydwch yng ngwaith yr Eglwys. Ma' gin i barch mawr i'r Eglwys. A mwynhewch 'ych gwylia, Syr.

Tramp: Chditha 'run fath, a llawar ohonyn nhw.

(Y Tramp yn brysur rŵan. Mae'n tynnu ei gôt ddu a'i goler gron, ac yn gwisgo ei gôt ei hun a'i het. Cofio'n sydyn a thynnu'r bathodyn Tafod o gôt y person a'i roi yn ei het. Mae'n cadw un neu ddwy o'r poteli gweigion yn y cwpwrdd, ac yn llenwi'r llall efo dŵr. Daw Jeniffyr a Terence i mewn.)

Jeniffyr: Dal i yfad sy' 'ma?

Tramp: Naci, meddwl baswn i'n ail-lenwi un o'r rhein efo dŵr glân.

Terence: Dŵr?

Tramp: Waeth i'r hen Barch ddŵr 'run tipyn. Be ti haws â photeli gwin i edrach arnyn nhw, 'te? Dydi o ddim wedi cyffwrdd 'run ers blwyddyn.

Jeniffyr: Mi allwch ddeud 'run peth am 'i dŷ o, does 'ma fawr o fyw wedi . . .

Terence: Dwsina o bobol ifanc yn methu ca'l tai . . .

Tramp: Adrodd padar wrth berson w't ti rŵan.

Jeniffyr: *(Yn chwerthin)*

Ma' hynna'n swnio'n ddigri yn dŵad o'ch ceg chi.

Tramp: Dydi o ddim yn fatar i chwerthin Musus. Pwnc difrifol iawn. Fel dudis i wrth yr hen blisman gwirion 'na.

Terence: Plisman? Ydi o wedi bod?

Tramp: Wedi bod ac wedi mynd.

Terence: Ond pam na fasach chi'n gweiddi arna' i, mi o'n i isio *deud*.

Tramp: Deud? Mi ddeudis *i* wrtho fo. Do, mi rois i hynt a helynt yr hen wlad fach 'ma iddo fo mewn cneuan.

Jeniffyr: Ddaru chi?

Tramp: Do. 'Sgynnoch chitha ddim benthyg ceiniog ne' ddwy imi ga'l *oxo*, decin i?

Jeniffyr: *(Rhoi papur pump i'r Tramp)*

A chadwch y newid.

Tramp: Bendith arnoch chi, a da bo chdi, Ieuan.

(Y Tramp yn diflannu)

Terence: Dyna mâd â hwnna. Diolch byth.

Jeniffyr: Na, diolch am ga'l 'i gwarfod o. Mi ge's i lot fawr gynno fo. Diolch i titha hefyd, mi roist ti fwy imi. Mi roist ti *ddrama* imi.

(Codi ei phad sgwennu hyd braich uwch ei phen)

Terence: Sgêrsli, choelia' i mo honna.

Jeniffyr: Do, mi rw't ti newydd roi bywyd newydd sbon yn'a i. Dydw i nac unig nac amddifad bellach. Mi dwi'n fodlon braf, fydd 'na ddim rhagor o sefyll yn ffenast, ma' gin i *ddrama*.

Terence: Wyt ti'n sôn amdana' i?

Jeniffyr: Nag'dw, ond mi rydw i'n sôn am winidog sy' wedi syrthio ar y ffordd.

Terence: Syrthio?

Jeniffyr: Ia, damwain, dynas, godinab. Mi fydd 'Cwymp y Canon' yn deitl iawn.

Terence: O gofio'r Bilsan Bî a'r llythyr at Annwyl Alis mi fasa 'Moddion Gras' llawn cystal.

Jeniffyr: Olreit, 'Cwymp y Canon' gan Jeniffyr Jones a 'Moddion Gras' fel is-deitl.

Terence: Crand. Sdeil dramodwyr mawr 'run fath â Samuel Baker a Harold Peintar.

Jeniffyr: Ia, ond 'mod i'n debycach i'r Ionessco hwnnw. Am ddechra'n diwadd ydw i. Ma'r olygfa ddwetha'n barod gin i, dwi'n meddwl.

Terence: Ew!

(Daw'r Plisman i mewn)

Terence: Ac mi ddaethoch o'r diwadd.

Plisman: Beg pardwn? 'Masgiad i.

Jeniffyr: Rydan ni wedi bod yma oria . . .

Plisman: Howld on, howld on. Gadwch inni ddechra yn y dechra. *Enwa*. Rhaid imi ga'l yr enwa. Ma' enwa'n bwysig.

Terence: Terence ydw i, a Jeniffyr ydi Jen.

Plisman: A be ydi'ch bwriad chi?

Jeniffyr: Bwriad?

Plisman: Ia, amcan, bwriad, plan.

Terence: Isio gwbod be ydan ni'n neud yma ydach chi?

Plisman: Ia, debyg iawn. Be arall?

Jeniffyr: Drama. Dwi newydd sgwennu drama.

Plisman: *(Yn clenio drwyddo)*

Drama! Grym mawr. Rydw i'n sgut am ddrama 'chi. Mi glywsoch sôn am y ddrama 'Pawan y Mwnci', decin i?

Jeniffyr: Do.

Terence: Chi oedd y mync.

Plisman: *(Wrth Jeniffyr)*

Oes drwg am ofyn am be ma'ch drama chi'n sôn Jiniffyr?

Terence: Ma' 'na ddynas wedi blino byw efo'i gŵr, ac ma' hi'n 'i beru o godi'i bac.

Plisman: M! Ffansi. Tuadd yr oes, tuadd yr oes. Biti, biti, fedra' i mo'ch helpu chi yn fan'na.

Jeniffyr: Ac ma' gin i bregethwr.

Plisman: Pregethwr pulpud? Hynny ydi, person?

Jeniffyr: Gwinidog ydi hwn.

Terence: Ond mi neith berson ar binsh, ma'i bregath o'n ddigon byr.

Plisman: Ma' gin i lawar iawn i ddeud wrth yr Eglwys, 'chi. Rydw i'n darllan llithoedd bob Sul. A dyna'r gwir ichi, faswn i ddim yn y ffôrs hiddiw 'bai am yr Eglwys.

Jeniffyr: Sut felly?

Plisman: Ma' hi'n stori hir.

Terence: O'r Arglwydd!

Plisman: Ro'n i fodfadd yn fyr i ga'l fy nerbyn i Heddlu Gwynedd. 'Mi *sdrejia* i chi,' medda'r Archddiacon — dyna'i union eiria fo.

Jeniffyr: 'Ych sdrejio chi?

Plisman: Ia, 'mach i, mi rhoth fi ar y gloch yn Llanbeblig. Ro'n i'n tynnu yn y rhaffa dair gwaith y Sul, bedair gwaith os bydda cymun boreol, a thair gwaith wedyn ar noson waith.

Terence: Ac mi weithiodd.

Plisman: Do, do. 'Y dyfal dynnu yn rhaffau'r addewidion,' ch'adal yr hen Archddiacon annw'l.

Terence: Anodd credu, braidd.

Plisman: Y ddrama, 'mach i. Os ca' i fod mor hy' â deud, mi wna' i bregethwr ffyrst class i chi. Credwch ne' beidio rydw i wedi chwara rhan yr Esgob yng 'Nghanwyllbrennau'r Esgob'.

Jeniffyr: Gewch chi drio fo os liciwch chi.

Plisman: Llawar o ddiolch . . .

Jeniffyr: *(Yn rhoi copi i Plisman)*

Copi.

Plisman: Debyg iawn. Thanciw.

Jeniffyr: Dowch yn ôl nos Lun am saith.

Terence: Plisman drama.

(Plisman yn cychwyn allan)

Terence: *(Dan ei wynt)*

Basdad.

Plisman: Be ddeudist ti?

Terence: Basgiad.

Plisman: Debyg iawn.

(Codi ei fasged a mynd allan. Golau yn newid. Daw Plisman yn ei ôl fel Parch i gymryd ei ran yn y ddrama. Mae Jeniffyr yn eistedd ar lawr i gyfarwyddo ei drama, ac y mae Terence yn gwisgo dillad merch.)

Parch: *(Yn ymladd i ddarllen)*

Mi faswn i'n reit falch, cariad, petaech . . .

Mrs D: *(Terence sy'n cymryd rhan Mrs D)*

Llai o'r 'cariad' 'na. Mi wyddoch o'r gora nad oes 'na ddim llwchyn o gariad rhyngom ni.

Parch: Na na na, rydach chi'n deud gormod rŵan, 'mach i. Mi ddaru mi wirioni efo chi y dydd cynta dois i i'r ddinas 'ma, o'r funud y dringis i i bulpud Salem.

Mrs D: Do, ac mi ddaru chi wirioni ar hannar dwsin arall 'run pryd.

Parch: Rŵan rŵan, doedd gin i ddim help bod merchaid yr eglwys yn gwirioni efo mi. Fi oedd y dyn . . .

Mrs D: Clywch! Pa ddynas yn 'i llawn synnwyr fasa'n gwirioni ar beth 'run fath â chi?

Parch: Brwnt brwnt brwnt.

Mrs D:	Naci. Deud y gwir ydw i. Fi ydi'r unig ferch ddaru edrach arnoch chi. Llyngheryn di-sylw oeddach chi'n dŵad yma, a tydach chi fawr gwell eto, o ran hynny.
Parch:	Licio 'mhregetha i oeddan nhw, falla. Ia, dyna fo ichi, edmygu 'mhregetha i oeddan nhw. Roedd fy mhregetha i mor newydd. Syniada'r Doctor Lewis Edwards yn corddi yn 'y mhen i. Traddodi oedd petha'r Doctor. *'Delivering the message.'*
Mrs D:	Calliwch, bendith Tad ichi.
Parch:	Rydw i mor newydd a ffresh.
Mrs D:	Ffresh! Mor ffresh â phennog llynadd. Deudwch wrtha' i be sy'n ffresh mewn pregethu yr un ddwy bregath am bum mlynadd.
Parch:	Hold on, rydach chi'n rhy galad arna' i. Os oedd hi yr un bregath, roedd y testun yn wahanol bob Sul.
Mrs D:	Ddyn ffôl.
Parch:	Mynd i ddeud ro'n i y baswn i'n reit falch petaech chi'n medru dŵad o hyd i'r Beibil imi.
Mrs D:	Chi ddyla wbod ble mae'r Beibil, siŵr gin i.
Parch:	Fasa fawr ichi ddeud . . .
Mrs D:	Mae o ar lawr yn cefn. A chi, er mawr gwilydd ichi, rhoth o yno.
Parch:	Rhag i'r drws glepian efo'r gwynt.
	(Y Parch yn mynd. Mae'r teliffôn yn canu. Mrs Davies yn ei godi a dweud 'Helö'. Ond y mae'r ffôn yn y pen arall yn cael ei roi i lawr yn glep. Daw'r Parch i mewn â'r Beibil mawr yn ei freichiau.)
Parch:	Glywis i gloch y ffôn?
Mrs D:	Deud 'ta gofyn ydach chi?
Parch:	Wel? Pwy oedd 'na?
Mrs D:	Dwn i'm.

Parch: O?

Mrs D: Chlywis i ddim gair gin neb. Mi rowd y peth i lawr yn glep.

Parch: Plant. Hen blant drwg yn chwara castia. Mi ddylid 'u cosbi nhw. Tawn i ddim ond yn gwbod pwy sydd wrthi . . .

Mrs D: Hawdd iawn ydi ca'l gwbod hynny. Dim ond codi'r ffôn a deialu 1471.

(Bygwth codi'r ffôn)

Parch: Na, na wir, o ailfeddwl ma'n well peidio. Anwybyddu nhw ydi'r peth doetha o lawar.

Mrs D: Ia 'ntê? Ella bod yn well inni ga'l 'yn gadal yn y twllwch.

Parch: Eitha reit hefyd. Be ddyliech chi? Ma' gin i destun newydd.

Mrs D: Rioed!

Parch: Oes. Yn Esra rydw i. Yr wythfad bennod. Ac un ddiddorol ydi hi. Ma' hi'n bennod ag athroniaeth fawr yn cuddio dan bob llythyran.

Mrs D: *(Yn sdrêt a difynegiant)*

Felly wir.

Parch: Ydach chi'n cofio'r adnod sy'n sôn am y bobol bwysig ddychwelodd efo Esra o Babilon?

Mrs D: Go brin, 'te?

Parch: 'A dyma eu "pennau-cenedl" hwynt, a'u hachau, y rhai a aeth i fyny gyda ni, yn nheyrnasiad Artacsercses y brenin, allan o Babilon.' Sôn am wleidyddion hiddiw bydda i, wrth reswm.

Mrs D: Diddorol iawn.

Parch: Ond mwy diddorol fyth ydi dŵad o hyd i'r ecs.

Mrs D: Oes drwg gofyn am be'n hollol ydach chi'n sôn?

Parch: Mae Pitar Wilias a Mathaw Henry yn rhoi dwy x (ecs) bob gafal yn enw'r brenin Artaxerxes, ond 'ec' ac 'es' sydd yn y newydd. Fy hun, mi dwi'n 'i cha'l hi'n reit anodd penderfynu am ba un i fynd.

Mrs D: Wel, ia.

Parch: Am ba un fasach chi'n mynd cariad?

Mrs D: *(Gwichian, bysedd yn ei chlustia)*

Ec es, ecses. Am Osdrelia baswn i'n licio mynd. Be gythral ydio bwys? Rydw i wedi ca'l syrffad ar 'ych llifeiriant geiria disynnwyr a disylwadd chi.

(Mrs Davies yn mynd o'r golwg. Y Parch yn dechrau annerch y gynulleidfa.)

Parch: Ma'n ddrwg iawn gin i am hynna, a chitha wedi galw'n un ac yn unig swydd. Rhyngoch chi a finna, un *highly sprung* fuo Musus rioed. 'Nerfa,' medda'r doctor a '*Nerves*,' medda'r nyrs, a synnwn i ddim nad ydi'r ddau o'i chwmpas hi. Pan o'n i'n sdiwdant tua'r Bala 'na, mi fyddwn i'n ca'l cryn anhawstar i ddallt pam bod y Beibil yn sôn am ddynion a merchaid fel *dynion*. Mi briodis Musus, a chyn pen pythefnos ro'n i'n llwyr ddallt pam. Mi wn i o'r gora na neith hi mo'r tro i weinidog parchus regi'n gyhoeddus, ond rhyngoch chi a fi, hen *storman uffar* ydi Musus. Ma' hi'n ariannog, ydi, ond tydi arian ddim yn bob un dim, medda chitha. '*Ydi*,' yn ôl Musus Davies 'ma. *Hi* sy'n ca'l deud sut ma' hi i fod, hi a neb arall. Pan ydw i'n anghytuno efo hi yn ystod y dydd dydi'n ddim gynni hi 'mosod arna' i, ia, efo'i dyrna dur. Ond y nos ydi'r gwaetha o lawar iawn. Gwrthod fy nerbyn i, ylwch chi. Cha' i ddim ond megis 'i mwytho hi nag ydi hi'n troi at y parad, a-a-a felly bydd hi am oria â'i thrwyn yn dynn ar y rhosod. Wyddoch chi be ddeudodd hi wrtha' i am hannar nos ar gychwyn y mis mêl? Gobeithio na welwch chi mohona i'n ddi-chwaeth. 'Davies,' medda hi rhwng 'i dannadd, 'dyletswydd gweinidog ydi mygu 'i nwyda.' Dyna ichi hen ddeud hegar. Do, mi twyllodd fi, mor wahanol oedd hi cyn inni briodi, gneud ll'gada rowlio arna' i o sêt yr organ a'i thraed a'i thethi hi'n ysgwyd, yn ysgwyd am y gora. 'Priodi pres ddaru o,' medda pawb, 'priodi pres.' Ond rhoswch chi, ma' 'na ochor arall i'r geiniog, ma 'na du arall i'r gynfas. Oni bai imi phriodi hi pan 'nilliodd hi'r pres mawr mi fasa'r blaenoriaid wedi thorri hi allan o'r eglwys a'i phres yn 'i phocad. Do, mi priodis hi, ac mi dwi wedi bod yn driw iddi drw'r tew a'r tena, drw'r hindda a drw'r t'rana. Mi fasa pob dyn arall wedi rhoi ffon drw'i bac, cau'r Beibil yn glep a mynd i chwilio am ddynas gall.

Mrs D: *(Dod i mewn yn cario cês)*

Ia. Ewch. Cerwch o 'ngolwg i, a cerwch y munud 'ma.

Parch: Dydach chi rioed o ddifri?

Mrs D: Ydw. Fuom i rioed fwy o ddifri.

Parch: Ond rhoswch chi, ma' gin i air ne' ddau.

Mrs D: Oes, mae gynnoch chi fil a mwy o eiria. Geiria, geiria geiria, rydw i wedi hen laru ar wrando ar eiria, geiria nad ydyn nhw'n golygu dim ond sŵn. Cerwch, a cherwch â'ch geiria efo chi.

Parch: Ond gadwch inni ddallt 'yn gilydd. Ydi hyn yn ddiwadd? Ydan ni'n gwahanu yn derfynol?

Mrs D: Be wn i? Ma' 'mhen i'n troi fel pibi-down.

Parch: Ond mi rydach chi'n gas?

Mrs D: Dydw i na chas na chlên. Rydw i'n peru 'chi fynd o 'ngolwg i, a dyna'r cwbwl.

Parch: Ac i ble yr a' i? Fedra' i ddim cysgu allan ar y clwt.

Mrs D: Does raid ichi ddim cysgu allan. Ma' gynnoch chi fwthyn i fynd iddo fo. Cerwch yno a *rhoswch* yno tro yma.

Parch: *(Yn clenio drwyddo)*

Ia, rydach chi'n iawn. Mi rydach chi'n llygad 'ych lle. Mi all'swn fynd i'r bwthyn.

(Parch yn codi ei gês ac yn mynd allan)

Mrs D: Diolch am funud o heddwch, munud o dawelwch dieiriau. Yn 'i ôl daw o eto tasa pob peth mor siŵr. Fo a'i bentwr geiria. Ma' geiria wedi mynd ar 'i wig o mewn rhyw ffordd ryfadd iawn 'chi.
Ond be arall sydd i ddisgw'l gin bregethwr sy'n gorfod pregethu i gapeli gweigion. A phwy ydi'r un sy'n gorfod diodda'i sŵn o? *Fi, fi* debyg iawn.

(Mrs D yn rhoi ei dwy law ar ei chlustiau ac yn gweiddi WAÂ)

GOLYGFA 4

Daw'r Tramp i mewn. Mae'n gwisgo siwt neu gôt ucha grand iawn, ac yn smocio sigâr.

Tramp: Gweiddi sy' 'ma?

Plisman: *(Yn gorffen gwisgo amdano wrth ddod i mewn ac yn edrych ar Tramp ar ei newydd wedd)*

Duwcs! Refrynd. Mae'r eglwysi'n talu'n dda ddyliwn. Finna'n meddwl bod petha wedi mynd i'r wal flynyddodd yn ôl . . .

Jeniffyr: Tewch am funud. Be sy'n digwydd?

Tramp: Ffawd yntê. Gwynt nerthol adferol ffawd wedi camu i'r adwy a'm codi i hawddfyd porfeydd gwelltog. Hwnna a ffyifar Terfel 'ma 'ntê.

Terence: Be 'dach chi'n feddwl?

Tramp: Y pres *oxo* 'ntê? Mi brynis dicad efo fo.

Jeniffyr: Ticad be?

Tramp: Y lotyri, debyg iawn.

Jeniffyr: Mi roisoch y pres *oxo* ar y lotyri. Digwilydd, braidd.

Tramp: Ac mi 'nillis hannar can mil.

Terence: *Be?* Mi *'nillsoch?*

Tramp: Do. *Fifty thousand.*

Jeniffyr: Rioed!

Plisman: Mi fydd 'na dipyn o newid ar yr hen oruchwyliath rŵan Refrynd . . . dim mwy o orfod slafio dros brygetha sych mewn pulpud oer i gapal gwag.

Tramp: 'Dach chi'n berffaith gywir . . . *Too right, Sarj,* chadal y Sais! Ond cofiwch, fydd o'n ddim byd newydd i mi.

Jeniffyr: Be 'lly?

Tramp: Wel, yr holl gyfoeth 'ma 'ntê.

Terence: Na fydd?

Tramp: Na . . . mi o'n i'n ddyn cyfoethog iawn ar un adag . . . yn y *seventies* os cofia' i'n iawn.

Terence: Sut felly?

Tramp: Y *Property Boom* yntê . . . *Stet Agent* yntê . . . *wheelings* a ballu . . . deud y gwir mi ge's i bris go dda am y lle 'ma.

Terence: Bwthyn Cottage?

Tramp: Y feri un . . . 'i werthu o ar ran 'y mrawd druan am *eighty thousand* i'r Parchedig o'dd isio tŷ ha' rhag ofn iddo fo anghofio'i wreiddia.

Terence: Rhoswch funud . . . 'ych brawd . . . be o'dd 'i enw fo?

Tramp: Wel, John yntê.

Terence: John Gryffis Tyddyn Isa?

Tramp: 'Na chi, ia. Pam? 'Dach chi'n 'i nabod o?

Terence: Chi 'di Gryffudd a'th ar goll ar y môr yn 1975.

Tramp: 'Na chi, ia . . . ar goll ar fôr bywyd ynte.

Terence: Mi o'dd o'n daid i mi!

Tramp: Nid y chi 'di Terence mab Lena?!

Terence: 'Na chi. Yncyl Gruff!

Tramp: Terence!

Terence: Yncyl Gruff!

(Y ddau yn cofleidio)

Jeniffyr: Y . . . Yncyl Gruff . . . Be newch chi efo'r holl bres 'ma.

Tramp: Wel 'y merch i . . . mi waria' i bob dima, os bydd raid, i ddod o hyd i 'mhlant.

Terence: Plant?

Tramp: Ia . . . dau o'r petha dela welsoch chi rioed . . . merch a bachgian . . . 'Dach chi'n gweld, mi o'n i'n ddyn prysur iawn radag hynny . . . rhy brysur i garu yr unig rai o'n i'n 'u caru . . . ac mi o'n i 'di mynd i ffwrdd ar drip busnas i'r India am dri mis.

Plisman: Cenhadu ma'n siŵr.

Tramp: Ia, rwbath felly . . . a phan ddois i yn f'ôl mi o'dd y wraig druan wedi ca'l brêcdown.

Plisman: Pa fath o gar . . .

Terence: Tewch Sarjant.

Tramp: 'Nyrfs,' medda'r doctor a '*nerves*,' medda'r nyrs. Mi benderfynodd hi na alla hi edrach ar ôl y plant . . . ma'r plant o'dd yn achosi 'i phroblam hi . . . ac mi drefnodd i Winston fy *chauffeur* i i'w cymryd nhw ymhell i ffwrdd i gartra lle caen nhw fwy o gariad.

Jeniffyr: I le'r aeth o â nhw?

Tramp: Dwn i'm . . . fethis i ga'l unrhyw synnwyr allan o'r wraig . . . 'di mynd i feddwl ma' Queen Victoria o'dd hi . . . mi farwodd yn dawal yn Nimbach yn 1974 . . . a'i choron am 'i phen.

Terence: Fedrwch chi'm gofyn i'r *chauffeur*?

Tramp: Mi gath ynta'i ladd mewn damwain car ar 'i ffordd yn ôl i Nottingham . . . mi o'dd y Rols Rois yn debycach i sosej rôl . . . a'i olwynion o fel hen nodiant ar hyd y gwrychodd.

Terence: A does gynnoch chi'm syniad lle i edrach amdanyn nhw?

Tramp: Be, yr olwynion?

Terence: Naci . . . 'ych plant.

Tramp: Nagoes . . . dyna pam yr es i gerad . . . i bob cwr o'r wlad 'ma gan obeithio dod o hyd iddyn nhw . . . Yr unig gliw sy' gin i ydi'r pinshiad lleia o bapur 'ma oedd ynghanol llaw fawr ddu Winston . . . 'i law o o'dd yr unig beth oedd ar ôl a deud y gwir wrthach chi.

Terence: Dewch 'mi weld . . .

(Yn darllen)

Robert . . . W . . . rwbath . . . 10 . . . rwbath rwbath . . . Penyc . . . rwbath . . . Cae . . . rwbath.

Jeniffyr: Robert Williams
10, Lôn Ucha
Penycreigia
Caernarfon

Deudwch i mi . . . oedd gan 'ych plant unrhyw fath o farc . . . man geni neu rwbath felly?

Tramp: Wel, oedd fel ma'n digwydd . . . mi o'dd gan Jeniffyr fan geni mawr brown cymaint a hanner coron.

Jeniffyr: Ar foch chwith 'i chlun.

Tramp: Wel, oedd . . . sut gwyddoch . . . ?

Terence: Ond ma' gin ti . . .

Jeniffyr: Oes . . . dwi'n gwbod . . . O . . . O . . . Dad!!!

Terence: Jeniffyr? . . . Jeniffyr fy merch?!

Jeniffyr: Ia! . . . Ia! . . . O . . . Dad!!

(Y ddau'n cofleidio)

Terence: Wel Jeniffyr . . . ma' gin ti ddiwadd o'r diwadd!

Jeniffyr: Oes . . . Fynta wedi ffeindio merch . . . a thitha wedi ffeindio ewyrth.

Terence: A thitha wedi ffeindio . . .

Jeniffyr: Tad . . . a gŵr gobeithio!

Terence: Jeniffyr!

Jeniffyr: Terence!

(Y ddau'n cofleidio)

Tramp: Gadwch inni fynd i ddathlu! Mae'r jeroboams i gyd arna' i.

(Mae'r tri yn dechrau mynd allan)

Plisman: Hei, rhoswch funud . . . Be amdana' i?

Terence: Be 'dach chi'n feddwl?

Plisman: Wel, 'dach *chi* 'di ffeindio'ch yncyl a *hitha* 'di ffeindio tad . . . a gŵr . . . a *fynta* 'di ffeindio dwn i'm be . . . Sut dwi'n ffitio mewn i'r diwadd hapus 'ma? Be sy' am ddigwydd i mi?

Jeniffyr: Dim byd a deud y gwir . . . ma' gynnon ni ddigon dwi'n meddwl . . . mi fasa mwy yn mynd dros y top.

Terence: Ti'n iawn.

Tramp: 'I thorri hi yn 'i blas pia hi 'ntê?

Plisman: Gawn ni weld am hynny . . . Mi ro' i ddiwadd ichi . . .

(Tynnu gwn)

Dowch â'r tocyn lotyri 'na i mi . . . Rŵan!!! . . . Neu mi saetha' i'r tri ohonoch chi.

Terence: Na, Sârj . . . ma' hynny'n ddiwadd lot rhy ddramatig.

Plisman: Ia . . . ia, 'dach chi'n iawn decin i.

Tramp: Cofiwch chi, ma' 'na un ffordd o ddiweddu sioe sydd wastad yn gweithio.

Jeniffyr: O . . . Be 'di hynny?

Tramp: *(Yn dechrau canu yr Anthem a'r cast o dipyn i beth yn ymuno)*

DIWEDD Y DDRAMA

Codwyd y ddwy ysgrif ganlynol o'r gyfrol

DEG DRAMA WIL SAM

£7.50

W.S.J.

Y mae pobl yn rhyfeddod. Nid llai o wyrth na chlychau'r gog neu flodau'r grug, ond, mwy o ddirgelwch. Haws, hwyrach, dod i'r afael â dirgelwch trwy syllu ar y rhywogaeth yn ffynnu neu'n nychu ar ei phriod bridd ei hun. Gallem siarad yn fawreddog am 'ddrama bywyd yn symud ar lwyfan y byd', ond hwylusach llwyfan i fardd ei bobl yw ei fro enedigol a pha le gwell i godi garej neu weithdy bardd nac ynghanol y 'tawel gwmwd hwn'?

Cyd-ddigwyddiad neu ffawd oedd yn gyfrifol am ei eni tua'r adeg yr oedd aradr farddonol Bardd yr Haf yn rhwygo'r gwanwyn pêr o'r tir, ond ni fedrem amau balchder W.S.J. o'r fraint o gael ei fagu yn y fro rhwng môr a mynydd, boed arni staen neu graith ai peidio. Mae modd edrych ar ei holl waith fel awdl foliant estynedig i fro a bywyd a phobl Eifionydd. Nodwedd od o amlwg yng nghymeriad W.S.J. yw ei hoffter o bobl. Nid yw hyn yn rhinwedd mor gyffredin ag y tybir hyd yn oed mewn cenedl mor reddfol glên â ni'r Cymry. Nid bod ei gariad yn ddall. I'r gwrthwyneb. Wedi'r cwbl nid oes gwell deunydd crai i ddrama na ffaeleddau cymdogion a'u mynegiant o wendidau aneirif yr hil. Rhan o gamp y bardd hwn yw cynnwys llond catalog o bechodau mawr a bach heb amharu fawr ar ein mwynhad o'r cymeriadau diddan sydd yn eu cyflawni, na'n serch at y gymdeithas unigryw a roes fod iddynt. Am ei fod yn dathlu bodolaeth ei gymdeithas, ac yn aberthu er mwyn cyflawni'r gamp, yr ydym ni fel cynulleidfa mor barod i guro dwylo a chyfranogi'n rhwydd o'i fwynhad o'i gynefin.

Ystyriwch y brawddegau dadlennol yn y chweched bennod o'i sgwrs hunangofiannol yng *Nghyfres y Cewri:*

> Gwaetha fy nannedd yr es i i Ysgol Port a phob diwrnod yn mynd yn anos i'w ddioddef. Nid lolian ydw i ond, wir, mi ddaru mi ddewis y goeden, y brigyn a'r rhaff . . . methu a magu plwc a bodloni ar dorri fy nghoes yn lle crogi fy hun! . . . Mi es i i'r gegin allan yn Nhy'n Llan a chymryd morthwyl lwmp, hen forthwyl y byddai gan Mam yn torri glo, a cholbio a cholbio fy mhenglin . . . ac mae gen i benglin wan hyd heddiw . . .

Nid cellwair i gyd o bell ffordd. Yr oedd gan yr egin-fardd reddf sicrach na'r rhelyw ohonom. Gwyddai'n iawn mai cyfundrefn addysg estron oedd y bygythiad angheuol i baradwys uniaith ei blentyndod: yn union fel y mae y cyfundrefnau cyfathrebol yn bygwth yr hyn sydd weddill o'n diwylliant brodorol ar ddiwedd y ganrif gythryblus hon. Gwyddai o'r dechrau ac fe ŵyr o'r gorau heddiw nad dyrchafiad arall i Gymro, beth bynnag fo'r cyfrwng, yw'r ffordd effeithiolaf o godi'r hen wlad yn ei hôl, heb sôn am gadw'r ffynnon rhag y baw.

Y mae gan hwn rhywbeth i'w ddweud am iddo ganfod dros ei hun ffordd unigryw o'i ddweud o. 'Be arall?' meddai Sami wrth groesholi Bobi. 'Talu tacs,' meddai'r diniwed. 'Be arall fuon ni'n wneud?' Sami yn dal i holi fel athro dosbarth plant bach, a'i amynedd wedi'i drethu i'r pen. 'Pregethu. Chdi'n pregethu ar Sgwâr Parnel, a finna'n mynd i Mwnis i hel pres. Ches i ddim dima.' Gan y gwirion y ceir y gwir. Ac mae angen syllu'n hir uwchben y math yma o wir cyn amgyffred y gwirionedd. Pregethu be? y mae gennym hawl i ofyn. 'Troi pobol yn ôl atynt hwy eu hunain,' oedd barn ei frawd Elis Gwyn Jones, ddeng mlynedd a'r hugain yn ôl. (O'r cychwyn Elis Gwyn oedd ei feirniad mwyaf praff a deallus.)

Yr un bregeth, meddech chi, â phregeth Emrys ap Iwan, T. Gwynn Jones, Ambrose Bebb, Saunders Lewis a llu o dystion dawnus gydol y ganrif frawychus hon.

'Da chwi, byddwch yn Gymreigaidd,' pregethai Emrys. 'Cedwch nodweddion mwyaf rhagorol eich cenedl: cedwch eich iaith uwchlaw pob dim.' Haws dweud na gwneud fu ymateb y mwyafrif, a champ arbennig pob awdur yn ei dro yw darganfod ei ffordd ei hun o gyflawni'r orchest. Is-destun cyson gwaith W.S.J. yw'r ymdrech i gyrchu at y nod aruchel ar ein traed yn lle bod ar ein gliniau o flaen y llo aur a moesymgrymu'n ddyddiol i'r llo Saesneg.

Y mae pob dim mor syml ac eto mor gymhleth. Un iaith ydi'r Gymraeg ac eto lliaws o dafodieithau. Un bobl ydym ac eto nid gwlad unedig rydd, ond pentwr o fröydd ac ardaloedd a phob un â'i anthem glodforus i ganu i'w harbenigrwydd ei hun. Mewn undeb y mae nerth, ond mae creu undeb mewn gwlad fynyddig, a phobl fympwyol, mor anodd â datrys cwlwm Gordiws. Camp y llenor yw canmol ei fro nes ei gwneud hi'n rhan anhepgorol o etifeddiaeth pawb sydd yn deall yr iaith. Mae'n gamp sydd yn cymryd amser, oherwydd yn yr oes hon baich ychwanegol y llenor gwreiddiol yw creu ei gynulleidfa a'u hel nhw at ei gilydd fel defaid cyfrgolledig a fu ar ddisberod.

Bu cymharu buddiol rhwng gwaith W.S.J. a dramâu Samuel Beckett. Yn sicr y mae'r academyddion yn gywir wrth sôn am W.S.J. fel yr enghraifft gyntaf yn y Gymraeg o Theatr yr Abswrd. Mwy buddiol fyth efallai yw sylwi ar y gwahaniaeth rhwng y ddau. Fel James Joyce o'i flaen, dianc o'r Iwerddon wnaeth Beckett er mwyn rhyddhau ei awen. Aros yn ei unfan wnaeth W.S.J. a pharhau i fod yn rhan o fywyd beunyddiol ei ddeunydd. Fel cymaint o'r Gwyddelod athrylithgar, troi at iaith arall wnaeth Beckett, nid yn gymaint i ennill ei blwyf ag i ennill enwogrwydd byd-eang a'r wobr Nobel yn sgil hynny. Braint neu benyd y llenor Cymraeg yw gloywi ei lamp o dan ochel a bodloni ar gymaint o gynhaliaeth a chlod a gaiff gan ei bobl ei hun. Yn yr oes hon y mae technoleg electronig wedi rhoi cymaint o bosibilrwydd undod i'r Cymry ag a roesai'r pulpud ymneilltuol yn y ganrif o'r blaen. O'i chymharu ag argyfwng yr Wyddeleg y mae rhagolygon y Gymraeg yn olau, ond i ni fod yn ddigon call ac effro i achub ar y cyfle y mae technoleg yn ei gynnig. Y mae achub ar y cyfle yn wyneb y grymoedd politicaidd a masnachol yn golygu aberth, fel y mae hanes Cymdeithas yr Iaith yn ei brofi ers blynyddoedd.

Y mae W.S.J. bellach yn un o'r cymeriadau allweddol yn nrama dyfodol y Gymraeg a'r genedl. Wrth aros yn ei unfan ar hyd ei oes y mae wedi bod yn fagned ddiwylliadol i do ar ôl to o Gymry ifanc aflonydd a phrotestgar. Hir y parhao felly. O dan y ffraethinebau cyflym y mae llais oesol yn galw ar genhedlaeth newydd i adnewyddu gallu cynhenid yr iaith a'r gymdeithas i ddathlu llawenydd a thristwch byw yn y gongl hon o'r ddaear. I raddau helaethach nag y tybiwyd gan y doeth a'r deallus, y mae dyfodol Eifionydd yn dibynnu ar werthfawrogiad llawn o waith W.S.J. a'i ddilynwyr. Y mae lleisiau eraill yn galw arnynt: yn arbennig yr hen ysfa Gymreig i fod yn amlwg ac yn enwog yn y byd mawr mawr. Dameg, ac nid damwain na hap, oedd geni ein cyfaill o fewn tafliad carreg i gartref mebyd — a bedd — David Lloyd George. Bydd dyfodol Cymru ac Eifionydd yn ddiogelach pan ddaw y gynulleidfa, y brifysgol a'r werin, yn ddigon aeddfed i gloriannu gwir werth cyfraniad y ddau ddyn hyn i ddyfodol y genedl a'r iaith, a gwarineb yn y rhan hon o fyd mewn cyfyngder.

Emyr Humphreys
Medi 1995

Y Mymryn Bach Yna

Sgwrs rhwng Wil Sam a Myrddin ap Dafydd yn Nhyddyn Gwyn, Awst 1995

MapD: Mae 'hogyn pwy wyt ti?' yn gwestiwn pwysig gynnon ni o hyd ac mae'n rhaid i ninnau gael gwybod rhywbeth am y brîd cyn dod at y dramâu. Sut fasach chi'n mapio eich teulu ar ein cyfer ni?

WS: Wel, teulu bach, bach sy' 'na ar ochor Mam i gychwyn arni. Dim ond rhyw un. Yn od iawn, mi ro'n i'n mynd heibio Yncl Pantycelyn ar ochr Mynydd Cennin 'na, cartre fy nain 'te, wythnos ddiwetha 'ma. Roedd Nain wedi mynd yn ddall at y diwedd, dipyn bach yn rhyfadd hefyd ac mewn dipyn o ffwndrans ynglŷn â Wilias Pantycelyn. Wilias oedd hitha hefyd a ''Nhad, 'rhen gradur' fydda hi'n ddeud amdano fo. Felly does 'na fawr syndod bod 'na dynnu at sgwennu ynddo i nagoes, a'r Pêr Ganiedydd yn hen daid i mi! Nid 'mod i'n sgwennu emynau chwaith, cofia.

Roedd 'Nhad wedyn yn un o ochrau Pant-glas, o ben 'rhen Graig Goch 'na jyst — fan'no y bu'i blentyndod o. Mi aeth yn chwarelwr, ond ymhen llai na blwyddyn mi ddihangodd i'r môr ac mae hynny rwsut i mi yn ddigri ac yn anodd ei ddeall — bod rhywun o ben Graig Goch yn medru cael ei dynnu gan y môr! Prin ei fod o wedi gweld cwch heb sôn am long ond ar yr *Evelyn*, un o longau Port, yr aeth o yn ddwy ar bymtheg oed. Roedd 'Nhad yn un o docyn mawr o blant, wedyn i fan'no byddan ni'n mynd ar ein gwyliau. Goblyn o ddim byd yno chwaith, 'mond pwt bach, bach o bensal las a'r lèd yn dod drwyddi'n ôl a blaen. Mi fyddwn yn cael sgwennu efo honno 'blaw doedd 'na ddim papur yno. Mi fydda Nain, dwi'n medru'i gweld hi rŵan, yn agor 'rhen fagia siwgwr rheiny — hen fagia glas oeddan nhw'r adeg honno ac erbyn bod gen ti bensal las a'r papur hefyd yn las a'r hen lèd yn mynd yn ei ôl i fyny'r bensal, roedd hi'n anodd ar y diain gweld dim.

MapD: Welodd fawr neb ddim byd o'ch sgwennu cynnar chi felly?

WS: Yn union! Gan gynnwys fi fy hun 'te. Peth rhyfadd iawn ydi 'mod i wedi cael diddordeb mewn sgwennu o gwbwl ar ôl hynny. Ond dyna fo 'te, mi roeddan nhw'n siaradwrs difyr iawn bob amser.

MapD: A fan'no mae dechrau sgwennu mae'n debyg?

WS: Dwi'n meddwl hynny'n siŵr. Achos dwi'n ddiog, dwi'n cydnabod 'mod i'n ddiog ofnadwy a does dim isho llawar o nerth jyst i fwynhau pobol yn eu petha. Wedi dwyn ydw i — fel llawar run fath â fi — dwyn rydan ni i gyd mewn gwirionedd.

MapD: 'Cael' ydi'r gair falla. Cael wrth wrando, wrth ymwneud.

WS: Wn i ddim, cymryd ella.

MapD: Cymryd heb ofyn 'ta?

WS: Ia, fatha maen nhw'n ei ddeud am swejan 'te. Dwyn bob dim arall ond cymryd swejan.

MapD: Geiriau, dywediadau unigol wedi'u codi o dafodiaith ydi'r rheiny — ond mae 'na rywbeth arall yno cyn medru'u cynnwys yn naturiol mewn deialog ar lwyfan.

WS: Mi rydan ni'n dueddol o wneud dipyn bach o sbort am ben yr hen bobol yn sôn am 'awen' — ond dwi *yn* ei deimlo fo ac yn diolch amdano fo. Dwi'm yn golygu awen oddi uchod — er 'wrach mai o'r nefoedd mae o'n dod, dwi'm yn gwbod 'te — ond mi fydda i'n trio cyfieithu'r peth drwy ddeud 'Pan fydd hwyl go dda arna' i'. Dyna ydi awen i mi. Fedra' i ddim meddwl am fynd ac ymladd efo geiriau — y petha sala dwi rioed wedi'u sgwennu ydi'r petha ges i hen draffarth a gorfod ymladd ac ymladd efo nhw. Mae hannar rheiny'n cael ffling sut bynnag, a dyna ddylian nhw gael.

MapD: Mae'r awen 'ma i'w theimlo efo pob math o waith yn tydi? Does dim rhaid iddo fo berthyn i'r ysbryd a'r meddwl — mae 'na awen wrth drin sgriwdreifar neu gaib a rhaw a gweithio efo'r dwylo hefyd 'toes?

WS: Yn union, yn union — pryd bynnag mae petha'n dod yn rhwydd. Hwyl dda 'te. Er, rhaid imi ddeud, dwi'n cofio efo un ddrama — ac mae peryg i mi swnio'n grand a phwysig rŵan — ro'n i'n ista o flaen y tŷ 'ma'n ei sgwennu hi mewn un eisteddiad. Mi ro'n i'n ei darllan hi wedyn ac yn teimlo fel dyn diarth wrth wneud. Roedd hi'n fy ngwylltio i, amball lein 'te. Wn i ddim o ble ar y ddaear y daeth hi. Cymysg iawn oedd fy ymateb i iddi wedyn.

MapD: Rydan ni wedi sôn am iaith yr ardal 'ma yn barod. Mae 'na fwy na hynny yn eich Eifionydd chi hefyd 'toes. Mae'r lle ei hun yn bwysig ichi?

WS: O ydi, o'r môr i'r mynydd. Mae'n hawdd mynd i rigol wrth sôn jyst am rai petha o hyd ond mae o *yn* y lle tydi. Mi fydda i'n teimlo pan fydda i'n mynd lawr y ffordd bach rhimyn glas 'na — diawch, does dim rhaid i rywun fod yn swil o'i ddeud o — lawr at afon Dwyfach, mae rhywun *yn* teimlo rhwbath. Mi fedra' i'n hawdd iawn ddallt be ddudodd Robert ap Gwilym Ddu o'r Betws yn ei emyn wrth sôn am nefoedd ar y ddaear. Hawdd iawn y medra fo ddeud hynny ar ôl bod yn cerddad hen ddôl Betws 'na. Mae'r peth yn fyw yno. Does 'na'm distawrwydd barddonllyd yno na dim byd o'r fath, ond mae 'na rwbath yno. Ydi, mae'r lle 'ma'n bwysig fel lle — ar wahân i'r bobol wrth reswm, a'r plant hefyd. Mae'n rhaid i rywun gofio hynny hefyd — mae'r rheiny'n apelio'n arw ata' i.

MapD: Ia, dwi wedi sylwi ar hynny yng nghymeriadau'r dramâu. Mae 'na rychwant oedran eang ynddyn nhw — o blant mân i hen, hen bobol a rhyw gymysgedd o'r doniol a'r trist drwy'r cwbwl. Mae cawlio a ffwndro yn medru bod yn ddigri iawn, eto'n drist iawn, iawn.

WS: Ydi. Ro'n i'n cael llawar o hwnnw pan oedd Nain. Roedd hi wedi mynd yn ddall, wsti. A phlant wedyn, mi fydda i at ei gilydd — peth ofnadwy i'w ddeud rwsut — ond mi fydda i'n gweld plant a hen bobol run fath â pheiriannau a hen beiriannau. Sgin i ddim llawar i'w ddeud wrth y petha sy'n y canol, ond mae 'na ryw apêl yn y petha newydd sbon ac yn yr hen, hen grocs hefyd. Dydi'r canol rwsut ddim y naill beth na'r llall — mi fydda i'n gweld rheiny'n rhy debyg i mi fy hun ar un wedd.

MapD: Ac eto mae 'na apêl annwyl yn perthyn i'ch holl gymeriadau chi — hyd yn oed y rhai mwyaf pigog a phiwis. Mae'n amlwg eich bod chi'n mwynhau pobol ac mi rydan ninnau yn cael eu gweld nhw ar eu gorau yn aml yn eich gwaith chi.

WS: Er cofia, mae hynny'n medru bod yn wendid ynddo i — na fedra' i jyst ddim cymryd petha o ddifri. Mae gen i gynfither 'te ac fel mae rhywun yn gorfod mynd i g'nebrwng weithia, mi fydd yn rhaid i mi droi 'nghefn ati 'te. Fiw imi edrych yn ei hwyneb hi neu mi faswn i'n piffian chwerthin. Tydi o ddim yn chwerthin sbeitlyd, chwaith — cofio y mae rhywun wrth gwrs, cofio am betha fyddai wedi digwydd, cofio straeon o fewn y teulu ac ati. Mae o'n beth fedar weithio dwy ffordd, ond dwi'n siŵr ei fod o wedi bod yn help yn y diwedd.

MapD: 'Dan ni'n ôl gyda'r 'hwyl dda' 'ma eto.

WS: *Mae* hwnnw'n bwysig, fel ro'n i'n deud gynna gyda'r busnes awen 'ma. Dwi'n siŵr mai'n anamal iawn y bydd syniad gen i yn 'y mhen cyn cychwyn sgwennu. Pan mae hi'n fatar o gwilsyn a phapur, y lein gynta fydda' i'n sgwennu sy' fel tasa hi'n esgor ar y nesa a honno wedyn ar un arall ac un arall. Felly.

MapD: Ond wrth sôn am hwyl a bwrw iddi, mae 'na'r ffasiwn beth â chadw'r arfau'n lân hefyd 'toes. Be mae sgwennwr yn ei wneud tra bydd o'n disgwyl am ei awen? Wel, mae o'n sgriblio — sgriblio rwbath i hwn a'r llall, i'r papur bro, i'r plant, i radio a theledu — yn ymarfer ei grefft. Dwi'n sylwi, ac mae eraill yn sylwi hefyd bob tro y dôn nhw yma, mae 'na ryw lyfr jotings ar y bwrdd. Mae 'na rywbeth ar waith bob amser.

WS: Rybish ydi o reit amal, cofia.

MapD: Ond o leia, mae'r grefft yn cael ei harfer. Os ydi rhywun yn pwyso ar ei raw i ddisgwyl am yr awen, wel, rhydu wnaiff y rhaw yn y diwedd ynte?

WS: O ia, siŵr, twt lol. O oes, mae 'na rwbath yn cael ei wneud o hyd 'te. Ac os ydi rhywun ddim ond yn gwneud rwbath er mwyn cael sbort rownd bwrdd, wel pam lai 'te? Petha gwirion ydyn nhw weithia, cofia. Pan fydda'r hen blant 'ma adra, mi fyddwn i'n gwneud lot o hynny 'te. Mae'r drorsys ma'n llawn o ryw betha felly fasa gen i gwilydd eu dangos nhw i neb.

MapD: Ond yn ddeugain oed, ym mlwyddyn gyntaf y chwedegau, mi roesoch chi'r gorau i weithio mewn garej gan benderfynu ennill eich bara menyn i gyd drwy sgwennu. Sut gweithiodd hi wrth droi hobi bach difyr yn fusnes?

WS: Doedd 'na fawr o neb wrthi yr adeg honno. Mi roedd Islwyn Ffowc Elis wedi bod wrthi am gyfnod ond wedyn mi drodd at ddarlithio. Nid bod 'na rinwadd mewn bod yn gynta mewn dim byd ond mewn ras chwaith, yn nagoes? Mae pobol yn nodi hynny weithia fel tasa fo'n rhinwedd mawr. Naci, ro'n i wedi bod wrthi'n gwneud — gwneud dipyn hefyd — ar gyfer radio a phetha'r adeg honno ac yn y garej 'na yr un pryd. Cael blas ar hynny, cofia, blaw bod rhywun yn rhedag — isho trwsio pyncjar i hwn, newid oel i'r llall a finna wrthi'n sgwennu ac ar hanner gair yn llythrennol weithia, yn gorfod codi a throi i wneud rwbath arall. Mae'n swnio'n hurt hollol, ond dyna oedd y rheswm mwya dros fyw drwy sgwennu oedd symud i fa'ma 'te.

MapD: Symud i Dyddyn Gwyn 'ma 'lly?

WS: Ia. Yn 'y ngwaith, ro'n i'n fistar arna' i fy hun — ond mistar rhyfadd ar y diain hefyd 'te. Y gwaith ydi'r mistar yn y diwadd ac isho llonydd mae rhywun.

MapD: A dyna oedd y cymhelliad i brynu'r lle yma?

WS: Roedd hi wedi mynd roedd *rhaid* cael dod yma. Ffordd deuson ni yma oedd ryw bobol — petha diarth — yn dŵad i'r garej i ofyn am y goriad. Ni oedd yn cadw'r goriad — roedd y garej yn lle canolog ac mi fyddan ni'n denu pres i'r pympia hefyd, wrth gwrs. Dan y mwrthwl roeddan nhw'n gwerthu'r lle a dwi'n cofio bod rhyw ffrindia i ni yn hysio tu ôl i ni ac mi gawson y lle hefyd. A dwi'n falch hefyd er bod pobol yn siarad ar y pryd, 'Dow, mi roeson pedwar cant ar ddeg a chwanag am yr hen le bach 'na'. Roedd y pen acw wedi dod i lawr yn deilchion bryd hynny — hen feudy oedd o ac mi troeson o'n rhan o'r tŷ. Ond diawch, chaet ti ddim carafán am bres felly heddiw. Be 'di ryw hen bres p'run bynnag, mewn ffordd. Mi rydan ni ar fai i gyd yn poeni am betha na ddylid poeni amdanyn nhw.

MapD: Ond wedi dod yma a chau'r garej, roedd rhaid cael rwbath i ddod â'r rheiny i mewn. Pa waith sgwennu oedd gynnoch chi wedyn? Mwy o waith radio?

WS: Wel ia, am wn i. Mi roeddan ni'n gorfod llunio'r wadan yn arw, cofia. Doeddan ni ddim yn byw'n fras o bell ffordd ond roedd y lle 'ma yn gwneud i fyny am hynny — doedd o'n lle bach braf i fyw ynddo fo? 'Di o'm ots, ro'n i'n crafu yma ac acw — radio, amball gomisiwn. Be oedd yn dda oedd 'mod i'n medru defnyddio'r comisiwn i sgwennu petha ro'n i isho'u sgwennu. A dyna fo, mi ddaeth rwsut. O orfod, a hwnnw wedi'i impio efo plesar. Isho gwneud, 'sdi. Dew, mi oeddan ni wrth 'yn bodda, deud y gwir. Cofia di roedd hi'n fain weithia. Mi roedd rhywun yn trio amball gystadleuaeth — gyrru i Steddfod David James ac ati — er mwyn cael y pres a deud y gwir yn onast. Trigian punt radag honno am ddrama. Fywia rhywun am fis jyst ar drigian punt yn yr hen le bach 'ma.

MapD: Tua'r adeg honno y daeth Theatr y Gegin i fod yng Nghricieth hefyd ynte?

WS: Dyna chdi. Er, wrth gwrs, doedd 'na ddim ceiniog yn dod o honno. Ond ro'n i'n sgwennu amball i beth ar gyfer y Gegin ac wedyn yn ei hanfon hi i ryw gystadleuaeth ac mi gawn rhyw geiniog felly. Ond y plesar — roedd hwnnw'n arbennig. Mi roedd hi'n fatar o raid mewn ffordd wahanol.

MapD: Wrth sgwennu yn y cyfnod hwnnw, mi roeddach yn anelu at y Gegin?

WS: O'n, o'n. Y Gegin oedd yn dod gynta. 'To'n i'n gweld y peth ar y llwyfan hwnnw a chlywad yr actorion yn deud y leins? A hefyd — mae'n ffasiwn i feddwl heddiw 'ma mai rhyw bechod ydi comyrshaleisho, wn i ddim ar y ddaear pam — ond ro'n i'n medru cofio am y gynulleidfa hefyd. Ro'n i'n gwbod pwy oedd yn ista ym mhob sêt. Ro'n i'n gwbod yn iawn pwy fydda'n chwerthin wrth glywad y gwahanol leins. Sgwennu i blesio, galwa di o os leci di — ond sgwennu i ordor, sgwennu i ddiban hefyd.

Roedd 'na fardd yn 'rhen bentra 'ma — yr hen Bistyll Gwyn. Mi wnâi hwnnw rwbath am ryw swlltyn. Smocio Wdbeins fydda fo'n ddiddiwadd nes bydda'i fwstash o wedi mynd fel Pont Menai isho'i pheintio. Mi fydda fo'n sgwennu ryw rwd wrth y llath jyst iawn, ar ôl cnebrwng neu ar gyfer priodas neu rwbath felly. Mae hwnna'n hen beth a does dim byd yn rong arno fo.

MapD: Mae bod 'na ddefnydd a diben i'w waith o yn hwb i sgwennwr 'tydi. Mae o'n beth pwysig.

WS: Mi fydda 'na rai'n cael eu noddi yn y plasa 'ma a 'di o 'mond run peth yn union. Gorfod, isho sgwennu oedd arna' i, fel tasa 'na ormod yn y botel a dipyn bach isho dod allan.

MapD: Wrth sôn am bwysigrwydd Eifionydd, wrth glywed am ddylanwad y Gegin yng Nghricieth ar eich gwaith chi, mae'n werth cofio bod cyfieithiadau o Beckett, Pinter a Brian Friel ac eraill yn cael eu llwyfannu yn y Gymraeg yn y Gegin hefyd. Y rheiny'n ddramâu blaenllaw yn eu dydd. Doedd llwyfanau Llundain a Dulyn ddim yn ddiarth ichi.

WS: Mi fyddwn yn hoff o fynd i'r ŵyl ddrama yn Nulyn — yn enwedig yn y dechrau yn nyddiau theatr y *Pike*. Mi fyddwn yn gwirioneddol gael cic yn y *Pike*.

MapD: Mae honno wedi cau bellach, tydi?

WS: Ydi. Cynulleidfa fach, fach oedd yn honno a'r hen seti plancia fel mewn syrcas a'r rheiny'n codi'n serth. Fydda fiw iti droi dy ben rhag ofn mai rhyw Wyddelas fawr fasa'n ista tu ôl iti — mi fydda'r erodrôm i gyd yn serennu ar dy lygaid di! Roedd o'n lle difyr gynddeiriog ac mi fyddwn yn ista ar y seti gora ac yn medru fforddio dipyn bach o gyfforddusrwydd. Hannar coron fydda'r ddwy res flaen, o'i roi o yn yr hen bres, a dau swllt wedi hynny. Rhyw wahaniaeth bach felly — a'r gwahaniaeth fydda rhyw hen ffelting du wedi'i roi ar yr estyll ac wedi'i hoelio tanodd efo hoelion penna mawr.

Roedd 'na rwbath mewn bod mor agos at y llwyfan wrth weld gwaith Synge ac O'Casey a'r rheina. Doedd 'na ddim lle i golur a ryw stwnshach felly. Mae 'na hen gythral ynddo i sy' yn erbyn — sy'n hollol, hollol rong dwi'n gwbod — ond yn erbyn rhyw nialwch a rhyw ffigiaris yn mynd â lle y gwir beth. Y gair a'r symud naturiol sy'n deillio o hwnnw, dyna ydi drama go iawn.

Cofia, mae'r ffigiaris yn medru cuddio lot fawr o walla, yn papuro dros y cracia, ond doedd 'na ddim byd felly yn y *Pike*. Ac mi roedd y cyfan yn Wyddelig, yn nhw'u hunain heb ymddiheuro dim wrth neb am y peth. Eto mor *Gymreig* oedd o, mor debyg i'r hyn rydan ni pan 'dan ni'n ni 'yn hunain. Mi roedd mynd yno yn codi blys dod adra i wneud rwbath arna' i.

MapD: Ia, y Cymreig *'ma. Dwi'n eich cofio chi dro arall yn sôn am y cyfrolau ar hanes y ddrama yng Nghymru —* Hanes y Ddrama Gymreig *oedd y gyfrol gyntaf, ynte, yn sôn am gwmnïau dechrau'r ganrif, wedyn mi ddaeth* Hanes y Ddrama Gymraeg *ac wedyn* Hanes y Ddrama yng Nghymru. *Chitha'n gwneud y sylw, bechod na drama Gymreig fasa ganddon ni rŵan yn hytrach nag ar y dechrau yn unig.*

WS: Biti na fasa petha wedi gweithio fel arall ynte.

MapD: Mi roedd yr hen gapeli yn llefydd theatrig iawn ac mae Emyr Humphreys wedi deud mai pregethwr ydach chi yn y bôn.

WS: Faswn i ddim yn lecio meddwl bod rhywun yn fy ystyriad i fatha'r hen bregethwrs oedd yn gweiddi dros y lle chwaith! Ond dwi'n meddwl hwyrach bod Emyr yn meddwl 'mod i'n pregethu yn yr ystyr bod 'na rwbath o dan yr elfen doniolwch 'ma, ond nad ydw i isho i hwnnw fod y peth amlyca.

MapD: Mi fydda i'n meddwl am y ddrama Tro Crwn *ac yn gweld rhyw echel fel'na yn llawer o'ch gwaith chi lle mae cymeriadau wedi bod yn byw mewn rhyw rych ac yna'n cael rhyw dro. Troi i mewn a dod i nabod eu hunain ella. Bod yn 'trŵ tŵ nêtshyr' chwadal Danial Owen, bod yn 'Gymreig' chwadal chitha gynna.*

WS: Mae'r hen echal 'na yma o hyd. Mi fasa'r ddrama honna'n gwneud fatha cyflwyniad i'r lleill, ella. Mi geson lot o hwyl efo honno — yr hen John P. [nid y tramp] yn ista arni a doedd o ddim yn lecio chwaith. Roedd hi'n troi'n rhwydd a tasat ti'n mynd yn wyllt mi fasat yn cael dy luchio i ffwrdd. Oedd, roedd 'na sbort efo honno.

MapD: Dwi'n cofio erthygl gennoch chi yn yr Adferwr *hefyd yn sôn am Gymru ddifyr, bod eisiau inni fwynhau ein pobol a'n pethau ni'n hunain.*

WS: Yn union, 'te. Mae 'na ddigon o waelod ynon ni ddim ond inni nabod ni'n hunain.

MapD: Mae 'na lawer o bobol yr ymylon yn eich dramâu chi hefyd — y tramp, y sipsiwn, y dyn swllt. Mae gennoch chi ddiddordeb mewn pobol dipyn bach yn wahanol 'toes?

WS: Oes — cofia, mi ges i beth wmbrath o gwmni yr hen John Preis [y tramp]. Deud y gwir, mae wedi mynd fod arna' i bres iddo fo. Ar ôl amball fora efo John Preis doedd dim angan dim byd ynde ond dipyn bach o drimings a rhyw fymryn o bupur a halan o'i gwmpas o. Dyn â dim math o ddim uchelgais yn y byd ganddo fo oedd o — doedd o ddim yn deud y petha 'ma er mwyn bod yn ddigri na chael ymateb. 'Wnâi o ddim eu deud nhw petasa fo'n cael. Ew, peth rhyfadd, ofnadwy o ryfadd — ac mi fyddwn i'n falch o hynny. Mi fyddwn i wrthi yn gwneud rwbath — ailwadnu rhyw hen frêcs neu rwbath — a John yn dŵad a finna ddim yn cymryd dim sylw. Ond mi fydda John yn dal i bregethu a mynd trwy'i betha. 'Tae rhywun yn dod ac yn deud, 'Ho! John Preis sut wyt ti?' a hyn a'r llall, mi fydda John yn mynd wedyn. Mi roedd o'n gwbod yn iawn pwy oedd yn ei fwynhau o yn niwadd y shot. Mae rwbath felly'n cyfri lot.

Dwi'n cofio mynd i weld *Caretaker*, Pinter — doedd gan y tramp yn honno 'mond rhyw dri peth — ei gredenshals, ei sgidia a'r tywydd, a dyna fo. Run petha â John Preis wsti, ond roedd John yn ddifyrrach na hwnnw. Doedd gynno fynta ddim llawar o betha ond doedd o ddim yn dal i rygnu yr un fath â thramp Pinter.

MapD: Mae 'na ryw hen dindroi yn neialog Pinter yn toes?

WS: Mi roedd John yn tindroi hefyd, cofia, ond yn y tindroi roedd 'na betha bach newydd yn dŵad bob tro. Honno ydi'r gamp, dwi'n meddwl.

MapD: Ac er y tindroi yna, dydi o ddim yn yr un rhych â'r gweddill ohonan ni, yn nac ydi? Uchelgais, gyrfa, nod, patrwm — mae gweld rhywun sy'n medru llwyddo i fyw gan anwybyddu hynny i gyd yn dynfa yn tydi. Mae 'na ramant yn y peth.

WS: Oedd, roedd hwn wedi dymchwal petha. Cofia, mi fues i'n teimlo amball dro fel gwneud yn union run fath â fo. Mi glywis i un o'r hen genod 'ma'n deud lawar gwaith nad oeddan nhw'n siŵr iawn pwy oedd John Preis, fo 'ta fi, yn enwedig pan fydda rhywun yn gwneud rwbath yn syth, ar y pryd. Maen nhw'n bwrw'u lliw 'te.

Dwi'n cofio, roedd o isho rwbath i ddal ei faco a finna'n gwagio rhyw dun bach oedd gen i'n dal rhyw rifets a ballu a hwnnw'n dun da. A dyma roi hwnnw iddo fo, yn meddwl y byd o John. Mi roth ei faco ynddo fo ond dyma fo'n gweld rhyw ddarn o bapur dal bylbia erstalwm, rhyw bapur sâl, sâl. Dyma fo'n tynnu'r bylb ohono fo, tynnu'r baco o'r tun, ffling i hwnnw wedyn gyferbyn — a hwnnw'n dun da 'te — a rhoi ei faco yn y papur 'ma. Ond 'toedd gin y dyn reswm da 'toedd — ti'n gweld, roedd o'n gorfeddian cymaint, mi fasa hen gongla'r tun yn brifo yn basan. Dyna oedd gynno fo. Dyna sut roedd o'n ddeunydd mor dda. Fasa fo ddim hannar mor ddifyr tasa fo wedi 'sbonio — fy lle i oedd ffendio pam wedyn. Peth felly ydi drama — dyna gonyn yr holl beth. Fasan ni ddim yn sgwennu gair oni bai am hynny, yn na fasan, bod yr hawl yno i roi tair modfadd ar ddeg yn y droedfadd bob gafal. Bwysig iawn, dwi'n meddwl, a chymryd bod rhywun ar yr un donfadd. 'Ddim iws mynd i 'fyrryd efo fo yn ôl ffansi chwaith.

MapD: Wrth i'r cofnodi droi'n sgwennu, mae 'na rwbath bach yn digwydd rwla rhwng y ffownten pen a'r pen, fel y dudsoch chi rywbryd — ac, yn eich geiria chi, yn y benelin roedd o'n digwydd hefyd 'te? Yn y ffynni bôn falla?

WS: Y mymryn bach yna o bosib 'te. Erbyn iddo fo gael ei gyfieithu i bapur, yn ddrama neu'n stori, dyna'r adeg mae'r ymwybyddiaeth yn dod i mewn 'te. Yr adag honno mae rhywun yn chwara' efo'r cymeriad ac efo'r petha mae o'n eu deud.

MapD: Fel eu bod nhw'n deud rwbath wrthon ni? Yn dangos rwbath inni? Oherwydd er y doniolwch o'r sbort sydd yn neialog y cymeriadau 'ma, nid ffârsys bach hwyliog ydyn nhw yn naci? Chwerthin sy'n marw sydd i'w glywed mewn ffârs 'te?

WS: Dyna un peth sy'n dân ar fy nghroen i. Y busnas yma sgin pobol o feddwl mai rwbath comic ydi comedi. Dyro di drôns hir ar rywun a'i hel o i'w wely a ballu — wel, dydi o ddim yn dal 'te. Mae isho rwbath yn niwadd y shot sy'n amgenach na hynny. Mae'n rhaid bod yn fathemategol mewn ffârs jyst iawn — crefft sydd yno a dim byd arall. Mi fydd y digrifwch yn gwella, yn twchu os oes 'na rwbath o dan y croen. Mae rhywun yn medru meddwl rhywfaint am hwnnw ar ôl mynd adra.

BARGEN
Theatr Bara Caws
I'R GOLAU
CYFRES DRAMÂU
DIWEDDAR

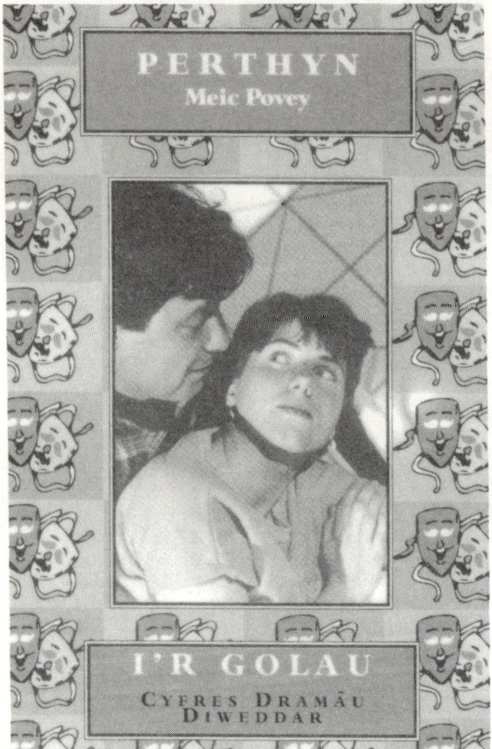
PERTHYN
Meic Povey
I'R GOLAU
CYFRES DRAMÂU
DIWEDDAR

CYFRES DRAMÂU CYFOES

I'R GOLAU

HWYLIAU'N CODI
Theatr Bara Caws
I'R GOLAU